Mecklenburgische
RESIDENZEN

Mecklenburgische RESIDENZEN

Text und Fotos
von Matthias Barth

Landesfürstliche
Repräsentationsarchitektur
aus sieben Jahrhunderten

E. A. Seemann Leipzig

Einband Vorderseite:
Ludwigslust, Schloß von Südwesten

Die Aufnahmen auf den Seiten 26, 27, 51
und 63 fertigte Thomas Helms, Hamburg,
und auf der Seite 66 Josef Adamiak,
Leipzig.

Die Deutsche Bibliothek – CIP-Einheitsaufnahme
Barth, Matthias: Mecklenburgische Residenzen :
landesfürstliche Repräsentationsarchitektur
aus sieben Jahrhunderten
Text und Fotos von Matthias Barth.
1. Aufl. – Leipzig : Seemann, 1995
ISBN 3-363-00636-5
NE: HST

Einführung

Das seit dem 3. Oktober 1990 mit Vorpommern zu einem gemeinsamen Bundesland verschmolzene ehemalige Land Mecklenburg zählt ungeachtet seiner geringen Bevölkerungsdichte zu den am reichsten mit Sakral- und Profanbauten aller Epochen ausgestatteten deutschen Kulturlandschaften. Während jedoch die backsteingotischen »Bürgerkathedralen« der Hansestädte geradezu zum Synonym für mecklenburgische Architektur wurden, ist der Reichtum an Schlössern und Residenzen trotz manch herausragender Beispiele wie Güstrow oder Schwerin weit weniger bekannt. Seine Ursache hat dies wohl hauptsächlich darin, daß der größte Teil dieser Anlagen aus historischen Gründen außerhalb des eigentlichen Küstenstreifens anzutreffen ist. Das von riesigen Seen und bewaldeten Moränenhügeln geprägte Hinterland der nordostdeutschen Küste ist traditionell unterschätzt und vernachlässigt worden. Stand es als Agrarland wirtschaftlich stets im Schatten der durch den Überseehandel zu Wohlstand gelangten Hansestädte, so profitiert es auch heute nur wenig von den Badeurlaubern, deren Kulturprogramm sich zumeist auf die Metropolen im Bannkreis der Strände konzentriert.

Mit dem Begriff Residenz verbindet sich mehr als das, was man gemeinhin als Schloß bezeichnet. Eine Residenz ist die Summe aller Baulichkeiten und Parkanlagen, die sich um den Wohnsitz des Landesfürsten herum gruppieren. Im Idealfall ist sie ein Gesamtkunstwerk, bestehend aus Einzelelementen, die untereinander und mit dem städtischen und landschaftlichen Umfeld korrespondieren. Wenngleich systematisch geplante Residenzstädte wie Ludwigslust oder Bad Doberan erst seit der zweiten Hälfte des 18. Jahrhunderts geschaffen wurden, bestehen auch ältere, auf den ersten Blick zusammengewürfelt erscheinende Architekturensembles, wie man sie etwa in Mirow oder Hohenzieritz findet, aus künstlerisch und funktionell in harmonischer Wechselbeziehung zueinander stehenden Komponenten. Einen wesentlichen Anteil am Eindruck der organischen Geschlossenheit vieler Residenzen haben dabei die häufig weitläufigen Parkanlagen, die in Mecklenburg heute vor allem durch den von Peter Joseph Lenné eingeführten »englischen Landschaftsstil« geprägt sind.

Die territoriale Bedeutung des Begriffs Mecklenburg war so wechselvoll wie die Geschichte des Landes selbst. Es wurde im Laufe seiner Geschichte etliche Male besetzt, wieder geräumt, geteilt und wieder zusammengefügt. Trotz der infolge des Besitzes von Seehäfen vermeintlich günstigen Ausgangslage kann das mecklenburgische Fürstenhaus nicht auf eine »ruhmreiche« Geschichte, vergleichbar etwa mit der der Hohenzollern oder der Wettiner, zurückblicken. Das Land geriet immer wieder zum machtpolitischen Spielball der angrenzenden Großmächte Dänemark, Schweden und Brandenburg-Preußen. Das einstige Herzogtum und spätere Land Mecklenburg wurde 1952 in die drei nördlichen Verwaltungs-

5

bezirke der DDR aufgeteilt. Den topographischen Rahmen für die Betrachtungen dieses Buches bilden die Ende des ersten Weltkrieges aufgelösten Großherzogtümer Mecklenburg-Schwerin und Mecklenburg-Strelitz.

Die überraschend große Zahl an landesherrschaftlichen Residenzen ist vor allem eine Folge der wiederholten dynastischen Teilungen, die jeweils die Errichtung von Neubauten erforderlich machten. Ein weiterer Grund für die allgemein große Zahl von Schlössern und Herrenhäusern in Mecklenburg besteht in der ungewöhnlichen Konzentration von Grundbesitz in den Händen des Adels. Diese resultierte nicht nur aus der Säkularisation und den Verwüstungen des Dreißigjährigen Krieges, sondern zu einem großen Teil auch aus dem vor allem im 17. Jahrhundert weit verbreiteten sogenannten Bauernlegen, das zu den dunkelsten Kapiteln in der Geschichte des Landes zählt und an dem auch das mecklenburgische Fürstenhaus beteiligt war.

Unter den mecklenburgischen Residenzen hat es in der Kriegs- und Nachkriegszeit schmerzliche Verluste gegeben. Die Schlösser in Neustrelitz und Neubrandenburg wurden in den letzten Kriegstagen zerstört, und von der nebst der angegliederten ehemaligen Zisterzienserkirche niedergebrannten Residenz in Dargun haben sich nur Teile der Umfassungsmauern erhalten. Der größte Teil des Neobarockschlosses in Remplin fiel während der NS-Zeit einem Brand zum Opfer, der möglicherweise auf »höhere Weisung« gelegt wurde und nicht gelöscht werden durfte (Krauß). In der DDR waren Schlösser und Herrensitze aus naheliegenden Gründen in besonderem Maße von Zerstörung und Vernachlässigung betroffen. Die Tatsache, daß sie als Symbole der »untergegangenen Feudalherren- und Junkerklasse« ideologisch geächtet und erst spät als »historisches Erbe« entdeckt wurden, war noch der unwichtigere Grund. Entscheidend war vor allem der Umstand, daß die Schlösser, im Gegensatz zu den Kirchenbauten, die weiterhin in traditioneller Weise genutzt und instand gehalten wurden, nach dem Krieg mit ihren vormaligen Besitzern auch ihre ursprüngliche Zweckbestimmung verloren hatten. Während einige Bauten musealen Nutzungen zugeführt wurden, dienten die kleineren häufig als Wohnhäuser für Übersiedler, Krankenhäuser, Ferien-, Altersheime etc. Im Unterschied zu den Prestigeobjekten, bei denen zumindest gelegentlich der Verfall aufgehalten und die zuweilen auch mit beträchtlichem Aufwand restauriert wurden, waren vor allem die kleineren Bauten somit von den DDR-typischen Problemen bei der Werterhaltung von Bausubstanz betroffen. Das wohl verheerendste Beispiel für den sukzessiven Verfall eines ursprünglich intakten Gebäudes ist das einst in einen Park eingebettete Schloß in Rossewitz bei Güstrow. Dieses erste und zugleich wohl bedeutendste mecklenburgische Barockschloß wurde – seit nunmehr über 20 Jahren leerstehend – zur Ruine.

Ungeachtet dieser Verluste besitzt Mecklenburg auch heute noch eine Vielzahl landesfürstlicher Residenzen und Residenzstädte, die in künstlerisch häufig herausragender Qualität mit Bauten aus allen Stilepochen vom späten Mittelalter bis zum Historismus ausgestattet sind. Wenn die prominenten Hauptbeispiele auch hier naturgemäß im Vordergrund stehen, so besteht doch ein Anliegen dieses Buches darin, aufzuzeigen, daß es neben den bekannten großen noch eine Vielzahl von Nebenresidenzen gibt, zu denen eine Entdeckungsreise allemal lohnt.

Mittelalter

Obschon das Mittelalter als die wirtschaftlich wie kulturell herausragende Epoche in der Geschichte Mecklenburgs das Erscheinungsbild der Ortschaften nachhaltiger geprägt hat als alle späteren Zeitabschnitte, nehmen die Bauten der Landesfürsten in diesem Kapitel der Architekturgeschichte einen eher unbedeutenden Raum ein. Während die gigantischen backsteingefertigten »Bürgerkathedralen«, mit denen sich das mecklenburgische Patriziat ein beeindruckendes Denkmal setzte, noch heute die Silhouetten der einst unermeßlich reichen Hansestädte dominieren, hat sich von der landesfürstlichen Baukunst aus dieser Zeit nichts Vergleichbares erhalten. Wenngleich das Primat der Sakralarchitektur von den Profanbauten des Mittelalters niemals bestritten wurde, hat man im Backsteingebiet auch hier Bedeutendes geleistet. Im Vergleich mit den riesenhaften Burgen des Deutschen Ordens im Weichselland erscheinen die wenigen erhaltenen mecklenburgischen Burgen jedoch räumlich und künstlerisch ebenso bescheiden wie neben den städtischen Wohnhäusern und Befestigungsanlagen der eigenen Region.

Verantwortlich hierfür ist neben der geographischen Gliederung des Landes in Küstenstreifen und Binnenland vor allem die von Heinrich dem Löwen begründete und von seinen Nachfolgern fortgeführte Wirtschafts- und Städtepolitik. Als Heinrich 1160 in Mecklenburg einfiel, tat er dies nicht nur in der Absicht, sein sächsisches Herzogtum um das seit der Völkerwanderung von verschiedenen wendischen (slawischen) Stämmen (Obotriten, Liutizen, Redarier) besiedelte Territorium zu vergrößern. Entscheidender noch als seine hegemonialen waren vielleicht seine wirtschaftspolitischen Zielsetzungen, die darauf gerichtet waren, die von ihm 1159 neugegründete und mit weitgehenden Rechten ausgestattete Stadt Lübeck durch die Ausschaltung der Konkurrenz (Schleswig) und die räumliche Erweiterung der Einflußsphäre als Gegengewicht zu den flämischen Handelsstädten aufzubauen.

Die mecklenburgischen Fürsten verfolgten, indem sie die 1218 bzw. 1229 mit Stadtrechten ausgestatteten Küstensiedlungen Rostock und Wismar systematisch privilegierten, in ihrem Gebiet eine ähnliche Strategie. Das langfristige Ergebnis dieser einseitigen Förderung war ein bis in unsere Tage fortbestehendes Wirtschaftsgefälle, dessen geschichtliche Konsequenz in einer politischen und ökonomischen Verselbständigung der sich dynamisch entwickelnden Küstenmetropolen und damit letztlich auch einer Aushöhlung der Machtbasis des Landesfürsten bestand. Wenn auch Rostock und Wismar niemals wie Lübeck (1226) den Status einer freien Reichsstadt erlangten, verfügten sie im Mittelalter doch über ein beträchtliches Maß an politischer Autonomie. Durch ihre Wirtschaftskraft wurden sie zwangsläufig zugleich zu einem wesentlichen Motor der kulturellen Entwicklung des Landes. Die mecklenburgischen Landesfürsten,

9

deren Einflußbereich sich infolgedessen weitgehend auf das Binnenland beschränkte, mühten sich das gesamte Mittelalter hindurch vergeblich, an den Segnungen des Überseehandels teilzuhaben, für den sie historisch gesehen einst die Voraussetzungen geschaffen hatten. Selbst die Versuche, sich im Bündnis mit den dänischen Königen, die Mecklenburg stets als ihre natürliche Interessensphäre betrachteten, gewaltsam Autorität zu verschaffen, schlugen fehl. Ihre Ohnmacht rührte aber zu einem beträchtlichen Teil auch von einem buchstäblich hausgemachten Problem her. Da das Erstgeburtsrecht im Hause Mecklenburg erst 1701 verbindlich festgeschrieben wurde, kam es bis dahin immer wieder zu dynastischen Teilungen. Von kurzen Unterbrechungen abgesehen, existierte fast nie eine starke Zentralgewalt, die imstande gewesen wäre, den Hansestädten Paroli zu bieten, war das Land fast ununterbrochen in mehrere Teilfürstentümer gespalten.

Ein weiterer Grund für den vergleichsweise niedrigen Stand der mecklenburgischen Burgenarchitektur ist sicherlich auch in der wendischen Abstammung seines Fürstengeschlechts zu sehen. Da Heinrich der Löwe bestrebt war, sich in den von ihm abhängigen Ländern den Rücken freizuhalten, belehnte er Pribislaw, den Sohn des letzten Obotritenfürsten Niklot, der in der Entscheidungsschlacht bei der Burg Werle gefallen war, mit dem neugegründeten Land. Unter der Regentschaft von Pribislaws Sohn Heinrich Borwin, der als Zeichen der Verbundenheit mit den Welfen die Tochter des Sachsenherzogs heiratete, begann die Besiedlung und Christianisierung Mecklenburgs. In wenigen Jahrzehnten wurden 45 Städte, Hunderte von Dörfern und etliche (meist zisterziensische) Klöster gegründet. Fürstliche Residenzstadt und erster Bischofssitz wurde die geschleifte Wendenfestung Zuarin (Schwerin). Im Gegensatz zu den großenteils aus dem westfälischen Raum stammenden Siedlern, die fast von Anbeginn Feld- oder Backsteinbauten errichteten, hielten die formellen Landesherren noch für lange Zeit an der traditionellen Festungsbauweise ihrer Vorväter fest. Erst im 13. Jahrhundert begannen sie, die palisadenbewehrten Erdwälle durch massivere Konstruktionen zu ersetzen. Unter anderem in Teterow, Behren-Lübchin und der ehemaligen Hauptfestung Michelenburg (Mecklenburg) bei Wismar sind Reste von slawischen Burgen aus dem 10. bis 12. Jahrhundert ergraben worden. Obgleich diese in der Regel am Wasser und häufig auf Inseln errichteten Anlagen – sowohl hinsichtlich ihres fortifikatorischen Aufbaus als auch der handwerklichen Qualität der Holzverarbeitung – keinesfalls als primitiv zu bezeichnen sind, lassen sie sich doch mit zeitgenössischen westelbischen Bauten kaum vergleichen.

Auch von den steinernen mittelalterlichen Burgen hat sich aufgrund der ständigen Überbauungen und Neugestaltungen nur eine geringe Zahl erhalten. Neben einigen kleineren Ruinen ist uns lediglich in Burg Stargard ein leidlich und in Neustadt-Glewe ein gut erhaltener Bau überkommen. Die mit Sicherheit bedeutenderen landesfürstlichen Burgen in Schwerin, Güstrow und Gadebusch fielen schon im 16. Jahrhundert den Renaissance-Neubauten zum Opfer. Von der Bützower Bischofsburg haben sich nur das »Krumme Haus« und die Kapelle im ehemaligen Hauptgebäude der Burg erhalten. Neben dem Gadebuscher Schloß stand noch bis ins 19. Jahrhundert der Bergfried des Vorgängerbaus. Von den einst recht zahlreichen Bauten des ortsansässigen Adels, der seinen Lebensunterhalt überwiegend durch Raubrittertum bestritt, haben sich wie in Plau, Weisdin oder in Lübz nur Mauerreste und z.T. die Bergfriede erhalten.

Angesichts der mecklenburgischen Topographie kann es kaum verwundern, daß der Typus der auch in Neustadt-Glewe vertretenen Niederungsburg hier der häufiger anzutreffende ist. Insofern ist die Tatsache, daß uns gerade in der Burg Stargard eine aufwendige Höhenburg zumindest teilweise erhalten geblieben ist, als Glücksfall zu werten, der nur durch ihre einstige Stellung als Hauptresidenz und ihr nachfolgendes Versinken in die Bedeutungslosigkeit zu erklären ist. Die beiden bestehenden Fürstenburgen repräsentieren, da sie verschiedenen Zeitabschnitten entstammen, auch in anderer Hinsicht zwei unterschiedliche Formen der Festungsarchitektur.

Während wir in Burg Stargard einen typischen Festungsbau des 13. Jahrhunderts mit Vor- und Hauptburg in asymmetrischer, sogenannter Randhausbebauung finden, so besitzt die vermutlich im mittleren 14. Jahrhundert entstandene, nahezu quadratische Anlage in Neustadt-Glewe nur eine einfache, dafür um so höhere und massivere Befestigung. An die Stelle der Torhäuser von Burg Stargard ist beim alten Schloß in Neustadt-Glewe eine architektonisch nicht hervorgehobene Maueröffnung gerückt, die jedoch durch den unmittelbar anschließenden Bergfried gedeckt ist. Die äußerst sparsame Ausstattung mit bauplastischen Gliederungselementen zeigt, daß man es hier mit rein funktionellen Zweckbauten zu tun hat, bei deren Entstehung ästhetische Gesichtspunkte offenbar im Hintergrund standen. Die Schlichtheit gerade von Burg Stargard frappiert dennoch, wenn man sich die auch baukünstlerisch grandiose Befestigung der nur etwa zehn Kilometer entfernten Stadt Neubrandenburg vergegenwärtigt, und wirft ein bezeichnendes Licht auf den Entwicklungsstand seiner Bauherrn.

Burg Stargard.   Burg Stargard war ursprünglich ebenso wie das benachbarte Neubrandenburg (Neu-Brandenburg) eine Gründung der brandenburgischen Markgrafen. Die 1236 errichtete Burg fiel 1299 mit den umgebenden Ländereien durch die Heirat Heinrichs II. mit Beatrix von Brandenburg an Mecklenburg. Als die Brandenburger das Land Stargard

Burg Stargard. Gesamtansicht der Hauptburg von Nordosten

nach dem Tode von Beatrix zurückforderten, kam es zu kriegerischen Auseinandersetzungen, die 1316 in der für die mecklenburgische Seite erfolgreich verlaufenen Schlacht bei Gransee kulminierten. Nach der zweiten mecklenburgischen Erbteilung von 1352 avancierte Burg Stargard zur Residenz Herzog Johanns I. von Mecklenburg-Stargard. Bis zum Aussterben der Stargarder Linie behielt die Burg ihre Funktion als Hauptresidenz des Teilfürstentums. Sie verblieb zwar auch danach in herzoglichem Besitz, war aber fortan, abgesehen von vorübergehenden behördlichen Nutzungen (1742–49 diente sie als Münzprägestelle von Mecklenburg-Strelitz), weitgehend funktionslos.

Die seit dem mittleren 13. Jahrhundert erbaute Anlage befindet sich auf der höchsten Erhebung inmitten des hügeligen Stargarder Landes, ca. 35 Meter über den Sohlen der umliegenden Täler. Zwar wurden später immer wieder einzelne Baulichkeiten verändert oder ergänzt, dennoch blieb die architektonische Grundstruktur seit dem 13. Jahrhundert doch im wesentlichen unangetastet und ist auch im heutigen Zustand noch deutlich erkennbar. Hinter einem grundwassergespeisten Wassergraben, der die Lebensgrundlage der Festung bildete, befindet sich das als Ruine erhaltene Torhaus der der Hauptburg östlich angegliederten Vorburg. Von ihr haben sich neben einigen Mauerresten sonst nur die Stallungen und Magazine erhalten. Der etwa 80 Meter dahinter liegende heutige Zugang zur Hauptburg hat diese Funktion erst seit dem 15. Jahrhundert inne – ursprünglich diente der sich südlich anschließende höhere Gebäudetrakt, der heute als Speicher genutzt wird, als Torhaus. In dessen Obergeschoß befindet sich auch die Burgkapelle, die nach der Errichtung des neuen Torhauses zweigeschossig erweitert wurde. Ihre Wölbung ist heute leider nur noch teilweise erhalten.

Auf der gegenüberliegenden Seite befindet sich zu Füßen des Bergfrieds die Ruine des »Krummen Hauses«, des Hauptgebäudes der Burg, das 1919 bis auf die Umfassungsmauern ausbrannte. Der die Silhouette des Baus dominierende (heute als Aussichtsturm erschlossene) Bergfried entstammt zwar im Kern gleichfalls dem 13. Jahrhundert, seinen heutigen Abschluß mit Zinnenkranz und Kegelhelm erhielt er jedoch erst 1823 durch Friedrich Wilhelm Buttel. Die Alte Münze westlich des Torhauses entstammt der Renaissancezeit, wurde aber gleichfalls im letzten Jahrhundert verändert. Die Anlage ist außer durch ihren Mauerring noch durch ein System vorgelagerter Wälle und Gräben gesichert.

Sämtliche Baulichkeiten bestehen aus unverputztem Backstein, der nur abschnittsweise durch ein Fachwerkskelett gestützt wird. Wenngleich an vielen Stellen Zutaten wie flache Schmuckblenden, profilierte Fensterrahmungen oder Strebepfeilervorlagen aus dem Formenschatz der Hochgotik zu finden sind, so vermögen diese hier eher groben Gliederungselemente doch kaum die Strenge des vorrangig im Hinblick auf seine militärische Funktion konzipierten Festungsbaus zu mildern. Trotz oder vielleicht auch

Neustadt-Glewe, Altes Schloß.
Ansicht von Südosten

gerade wegen dieses Kontrasts zwischen der mittelalterlichen Wehrhaftigkeit und der reizvollen Natur, die stellenweise wieder Besitz von der Architektur ergriffen hat, findet man hier ein bemerkenswertes Stück norddeutscher Burgenromantik.

Neustadt-Glewe. Das sogenannte Alte Schloß ist die am besten erhaltene mittelalterliche Burg in Mecklenburg. Obgleich Quellenangaben aus ihrer Entstehungszeit nicht vorliegen, ist die Errichtung aufgrund ihrer Bauweise mit großer Wahrscheinlichkeit in das mittlere 14. Jahrhundert zu datieren. Der ungewöhnliche Doppelname der Stadt kam durch die Verschmelzung der 1248 durch den Grafen von Schwerin gegründeten Neustadt mit der nahegelegenen slawischen Ortschaft Glewe an der Elde zustande. Das Alte Schloß diente bis ins 18. Jahrhundert hinein als Nebenresidenz der mecklenburgischen Herzöge – danach wurde es vom etwa 150 Meter entfernt errichteten »Neuen Schloß« (siehe S. 40) abgelöst. Die beiden Gebäudetrakte im Innenhof wurden seitdem als Marstall und als Wirtschaftsgebäude genutzt.

Die Burg befindet sich auf einer leichten Erhöhung oberhalb des die Stadt umschließenden Seitenarmes der Elde. Die nahezu rechtwinklige Grundfläche, der Verzicht auf ein Torhaus und die Lage des Bergfrieds sind charakteristisch für Festungsbauten aus dem mittleren 14. Jahrhundert. Erhalten haben sich aus dieser Zeit jedoch nur die Grundform und Teile der Mauern – alle Baulichkeiten wurden in späteren Zeiten wiederholt umgestaltet. Der Bergfried wurde im frühen 15. Jahrhundert errichtet, sein kegelhelmbedecktes Obergeschoß mit dem Zickzackband am Ansatz und dem Formziegelfries unter der Traufe erst um 1500 aufgesetzt. Die zinnenbekränzte Mauer mit Wehrgang und Schießscharten stammt aus dem 15. Jahrhundert. Etwa zur gleichen Zeit wurde auch mit der Errichtung des neuen Hauses östlich des Burgtors begonnen. Wenngleich das Mauerwerk des gegenüberliegenden Alten Schlosses noch überwiegend dem 16. Jahrhundert entstammt, so ist das Erscheinungsbild dieses Baus, ebenso wie das seines Pendants, doch vor allem durch die Veränderungen des 16. und des 17. Jahrhunderts geprägt.

Renaissance

Mit dem Anbruch der »Neuzeit« erlosch in Mecklenburg, wie fast überall in Deutschland, die Vorherrschaft der Sakralarchitektur. Im 16. Jahrhundert wurde die architektonische Leitbildfunktion nahezu übergangslos von den Repräsentationsbauten des Adels übernommen. Der Übergang von der Spät-(Nach-)gotik zur Renaissance wird in Mecklenburg von einem Sakralbau repräsentiert, der bereits in fürstlichem Auftrag entstand – der Schweriner Schloßkapelle. Bei den noch unvollendeten Stadtpfarrkirchen, wie etwa der Wismarer Georgenkirche, kam die Bautätigkeit zum Erliegen.

Mecklenburg besitzt einen für norddeutsche Verhältnisse einzigartigen Reichtum an künstlerisch herausragenden Renaissanceschlössern. Weder die vergleichsweise kargen holsteinischen Fürstenschlösser mit ihren bauplastischer Gliederungselemente weitgehend entbehrenden Fassaden (Plön, Glücksburg, Nütschau, Ahrensburg u.a.), noch die Mehrzahl der (abgesehen vom sächsisch beeinflußten Berliner Schloß) meist kleineren märkischen Bauten, wie etwa den Schlössern in Königs Wusterhausen, Demertin oder Grunewald, sind mit den mecklenburgischen Beispielen entfernt zu vergleichen. Im Gegensatz zu den folgenden Epochen war die Renaissancezeit ganz überwiegend durch die Bauaktivitäten der Landesfürsten bestimmt – der einzige nicht von diesen initiierte künstlerisch herausragende Großbau ist das Schloß in Basedow. Das scheinbar unvermittelte kulturelle Emporstreben der mecklenburgischen Aristokratie hatte verschiedene wirtschaftliche, kulturelle und politische Ursachen. Tendenziell fügt es sich in das Bild, das sich am Ausgang des Mittelalters, wenn auch zeitlich verschoben, in den meisten deutschen Regionen bot. Die Entwicklung hin zu einem frühabsolutistischen Staatswesen, die z. B. in der Mark Brandenburg bereits mit der Machtübernahme durch die Hohenzollern zu Beginn des 15. Jahrhunderts ihren Ausgang nahm, setzte in Mecklenburg erst mit fast hundertjähriger Verspätung ein. Die hiesigen Landesherren mußten sich gegen unvergleichlich reichere und entsprechend selbstbewußter auftretende Städte durchsetzen. Der wirtschaftliche Niedergang der Hanse, der durch ein allmähliches Wegbrechen von Märkten und Handelsmonopolen, zunehmende gesellschaftliche Auseinandersetzungen innerhalb der Städte und das Aufkommen neuartiger Wirtschaftsformen gekennzeichnet war, hatte jedoch langfristig eine Schwächung der Position der Städte und im Gegenzug ein Erstarken der Landesherren zum Ergebnis. War deren Machtbereich nach den vergeblichen Versuchen, durch die Unterstützung der dänischen Hegemonie an Autorität zu gewinnen, am Ende des Mittelalters weitgehend auf das Binnenland beschränkt, so wuchs ihr Einfluß auf die noch immer reichen Küstenstädte nun zusehends. Wie fast überall in Norddeutschland machten sie sich dabei die Konflikte zwischen dem städtischen Patriziat und den nach Gleichberechtigung strebenden Handwerkergilden zunutze. Durch ihre zumeist im Sinne der Stadträte erfolgenden Interventionen verringerten sich die traditionellen Interessengegensätze allmählich. Wenn die Diplomatie versagte, verstanden es die Herzöge zwischenzeitlich auch, sich gegen die geschwächten Städte mit militärischen Mitteln Respekt zu verschaffen. So gelang es 1491 Magnus II., vom Rostocker Stadtrat die Übergabe der Stadtschlüssel zu erzwingen. Magnus schuf auch durch seine wirtschaftliche Konsolidierungspolitik die Zusammenführung des Teilherzogtums Stargard mit dem Kernland und durch die weitgehende Entmachtung der Klöster wesentliche Grundlagen für die weitere Stärkung der Stellung des Landesfürsten. Sein Nachfolger Heinrich V. ließ 1512 mit dem noch im spätgotischen Stil errichteten »Alten Hof« in Wismar den ersten bedeutenden herzoglichen Repräsentationsbau innerhalb der Mauern einer der großen Hansestädte aufführen. Obgleich die Hemmnisse für den Bau fürstlicher Residenzen in den Küstenstädten nunmehr ausgeräumt waren, blieben die mecklenburgischen Herzöge weiterhin den Städten des Binnenlandes verbunden. Wismar wurde auch nach der Erweiterung des Fürstenhofs nicht eigentlich Residenzstadt, Rostock erhielt erst im 18. Jahrhundert eine kleinere fürstliche Dependance.

Eine weitere wesentliche Ursache für den unvermittelten Aufschwung der herzoglichen Baukultur war das Aufkommen der Reformation. Mecklenburg zählte zu den ersten deutschen Fürstentümern, die sich der neuen Lehre anschlossen. Dennoch geriet der Kampf gegen den Katholizismus auch hier zu einem langwierigen Prozeß, der mit »ketzerischen Predigten« 1526 in Rostock begann und erst 1549 im Sternberger Landtag und in der nachfolgenden Gründung der lutherischen Landeskirche seinen Abschluß fand. Da die formelle Einführung der Reformation die Säkularisation des größten Teils des umfangreichen klösterlichen Grundbesitzes nach sich zog, stellte sie eine entscheidende wirtschaftliche Vorbedingung für die spätere landesherrschaftliche Prachtentfaltung dar.

Während der Kunsthistoriker bei der mittelalterlichen Baukunst angesichts der häufig fragmentarischen Quellenlage fortwährend genötigt ist, Homologien aus Analogien abzuleiten, liegen in der neuzeitlichen Architektur die Fakten zumeist offen auf dem Tisch. Der größte Teil der Baumeister ist namentlich bekannt, und die künstlerischen Quellen, aus denen sie geschöpft haben, erschließen sich nicht nur aus ihrer Herkunft, sondern sind großenteils durch Dokumente belegbar. Beispielhaft ist dafür der Gründungsbau der mecklenburgischen Renaissancearchitektur – der Wismarer Fürstenhof. Während einerseits durch die Korrespondenz, die der als Bauherr (und auch als dilettierender Baumeister) auftretende Herzog Johann Albrecht I. mit Ercole de Ferrara führte, zweifelsfrei erwiesen ist, daß die weitgehenden Übereinstimmungen zwischen dem Fürstenhof und dem Palazzo Roverella in Ferrara keinesfalls zufälliger Natur sind, erklärt sich die Tatsache, daß die überwiegend aus Terrakotta gefertigte Bauornamentik durch Formenanleihen aus dem flämischen Floris- oder Groteskenstil geprägt ist, durch die niederländische Provenienz ihrer Schöpfer. In dieser erstaunlichen »Internationalität« der stilistischen Einflüsse zeigt sich zugleich ein im Mittelalter weitgehend unbekanntes Phänomen. Orientierten sich die gotischen Baumeister in Mecklenburg sowohl im Sakral- als auch im Profanbau zumeist an den Prototypen der unmittelbaren Nachbarregionen (was hier im Regelfall an lübischen hieß), so stand denen der größer gewordenen Renaissancewelt eine weit umfangreichere Palette zur Verfügung. Es ist häufig geschrieben worden, mit dem 16. Jahrhundert trete an die Stelle des in Mecklenburg entstandenen und hier verwurzelten backsteingotischen Stils ein dem Lande wesensfremder Importstil. Dies ist zweifellos in dem Sinne zutreffend, als die mecklenburgischen Renaissancebauten wesentlich auf fremdländische Anregungen zurückgingen. Dennoch wurde auch der Renaissancestil, ebenso wie zuvor der gotische, durch die charakteristische landesspezifische Rezeption zu einem landeseigenen.

Die mecklenburgische Renaissancearchitektur ist, obgleich sie auch zahlreiche französische, flämische und natürlich viele typisch deutsche Elemente aufweist, doch vorrangig durch italienische Vorbilder geprägt. In besonderem Maße gilt dies für die Bauten, die im Auftrag des im Schweriner Landesteil residierenden Herzogs Johann Albrecht I. entstanden. Bei den Residenzen in Wismar, Schwerin, Gadebusch und Bützow handelt es sich entsprechend entweder um rechteckige Einflügelbauten oder um eine Aneinanderreihung solcher Einzeltrakte. Ihr charakteristischer Bauschmuck sind die allesamt in der Werkstatt des in Lübeck ansässigen Niederländers Statius von Düren entstandenen halbplastischen Terrakottaplatten, die man sowohl in den den Bau umfassenden, etwa meterhohen Horizontalfriesen als auch in den Rahmungen der Portale und teilweise auch der Fenster findet. Sie sind von den Renaissancepalästen und Kirchen der norditalienischen Stadt Ferrara abgeleitet und wurden zum charakteristischen Kennzeichen des »Johann-Albrecht-Stils«. Im 16. Jahrhundert blieb diese »Terrakottaarchitektur«, von Ausnahmen wie Schloß Freyenstein in Nordbrandenburg abgesehen, auf die Region beschränkt. Erst der Historismus des 19. Jahrhunderts sollte ihr zu einer Wiederauferstehung verhelfen, in deren Gefolge sie bis nach Süddeutschland verbreitet wurde. Eine weitere, von der italienischen Baukunst des frühen 16. Jahrhunderts übernommene Zierform sind die ursprünglich bei allen mecklenburgischen Schlössern der Epoche zu findenden sogenannten Lünettengiebel. In der Adaptation dieses originär venezianischen Motivs zeigt sich jedoch zugleich die nördlich der Alpen stark verbreitete Neigung zur Giebelbildung. Während bei den italienischen Palästen im Regelfall ein häufig von einer Balustrade bekröntes, weitausladendes Kranzgesims als oberer Gebäudeabschluß fungiert, hielten die deutschen Baumeister im 16. und 17. Jahrhundert an ihrer während der Gotik entwickelten Vorliebe für aufwendige Schmuckgiebel auch in der Profanarchitektur unbeirrt fest.

Italienisches findet sich auch an den Schlössern des von Johann Albrechts Bruder Ulrich regierten Güstrower Landesteils – auch wenn diese in der Gesamterscheinung eher an französischen Vorbildern orientiert scheinen. Die mehrgeschossigen, zum Hof geöffneten Loggien der Schlösser in Güstrow und Dargun sind ebenso wie die markante, die Fassadenoberfläche gliedernde Putzquaderung ein charakteristisches Element südeuropäischer Palastarchitektur. Von den zeitgenössischen französischen Bauten wurden u.a. die komplizierte Struktur des Gruppenbaus mit seinen herausfluchtenden Gebäudetrakten und kegelhelmbekrönten Türmchen sowie die Dachgestaltung übernommen. Die bewußt asymmetrische Zusammenfügung der Einzelkomponenten ist hingegen eine typische Eigenart der deutschen Renaissancearchitektur. Niederländische Einflüsse machten sich, außer in der erwähnten Ornamentik der Terrakottaplatten, vor allem gegen Ende der Epoche kurz vor Ausbruch des Dreißigjährigen Krieges bemerkbar. Sie zeigen sich in den schlanken giebelbekrönten Risaliten der von Ghert Evert Piloot geschaffenen Trakte des Schweriner Schlosses ebenso wie an dem von 1617 bis 1623 entstandenen (kriegszerstörten) Ostflügel des Darguner Schlosses, bei dessen Anblick man sich ein wenig an die Fassaden der Patrizierhäuser am Brüsseler Grand Place erinnert fühlt. Die schlichte Bauform des aus mehreren aneinandergereihten, separat gedeckten Paralleltrakten bestehenden sogenannten Mehrfachhauses, das die unter vergleichbaren historischen Bedingungen entstandene holsteinische Schlösserarchitektur geprägt hat (Nütschau, Glücksburg, Ahrensburg, Wensin) und auch in Brandenburg gelegentlich anzutreffen ist (Königs Wusterhausen), findet man in Mecklenburg nirgends.

Die mecklenburgischen Renaissanceschlösser bestehen im Kern ebenso wie die Bauten der vorausgegangenen Epoche (und auch die meisten der Folgezeit) ausnahmslos aus Backstein. Mit dem neugewonnenen kulturellen Selbstverständnis begann man diesen jedoch nun als Defizit zu empfinden und war daher bestrebt, die tragenden Backsteinmauern hinter Putzschichten und Naturquaderimitationen zu verbergen. Trifft man in Schleswig-Holstein, wie in Husum, Reinbek oder Seedorf, zumindest gelegentlich auf unverputzte Renaissance-Backsteinmauern, so sind die Terrakottareliefs in Mecklenburg die einzige Reminiszenz an die Bautradition der Region. Vielleicht war es aber gerade dieses bewußte Verleugnen seiner architektonischen Provenienz, dem die mecklenburgische Renaissancearchitektur den Ruf verdankt, eine oktroyierte Importkultur zu sein. In der Tatsache, daß eigens für die Fürstenhöfe des 16. Jahrhunderts, die »Johann-Albrecht-Bauten«, ein neuer stilgeschichtlicher Terminus kreiert werden mußte, zeigt sich jedoch ihre Einzigartigkeit und auch ihre Eigenständigkeit innerhalb der norddeutschen Kulturlandschaft.

Wismar. Der Wismarer Fürstenhof war der erste große Renaissancebau in Mecklenburg und zugleich der stilbildende Prototyp der Epoche. Da Wismar – wie alle Hansestädte im »wendischen Quartier« – eine Niederlassung der mecklenburgischen Landesfürsten während des Mittelalters zu verhindern wußte, bedeutete seine Errichtung nicht nur in künstlerischer, sondern auch in politischer Hinsicht eine Zäsur.

Im Jahre 1512 ließ Herzog Heinrich V. nahe der Pfarrkirche St. Georgen anläßlich seiner Vermählung den sogenannten Alten Hof aufführen. Von diesem, stilistisch noch der späten Gotik zuzurechnenden Bau hat sich nach mehreren wenig glücklichen Umgestaltungen nur einiges in seinem ursprünglichen Zustand erhalten.

Johann Albrecht I., der Neffe und Nachfolger Heinrichs V., ließ gleichfalls angelegentlich seiner bevorstehenden Hochzeit nur ein Jahr nach Heinrichs Tod (1552) einen an den Alten Hof rechtwinklig anstoßenden gotischen Festsaal (von 1506) niederreißen, um auf dessen Grundmauern den »Neuen Hof«, den heutigen Haupttrakt des Gebäudes, zu errichten. Der stattliche Bau entstand innerhalb nur wenig mehr als eines Jahres unter Anleitung des Bauherren, dessen maßgebliche Mitwirkung der hiermit kreierten Bauweise die Bezeichnung »Johann-Albrecht-Stil« eintrug. Der sich angesichts der ungewöhnlichen Formensprache des Fürstenhofs aufdrängende Verdacht eines italienischen Einflusses ist durch die Korrespondenz zwischen Johann Albrecht und Herzog Ercole II. de Ferrara eindeutig belegt. Das eigentliche Vorbild des Wismarer Baus war der 45 Jahre ältere Palazzo Roverella in Ferrara, dessen Fassade in ähnlicher Weise durch halbplastische Terrakottareliefs verziert und gegliedert ist. Die Verwendung von Terrakottaplatten war in Ferrara (Palazzo Schifanoja, San Benedetto) wie auch in anderen Städten Norditaliens (Ravenna, Mailand, Pavia, Verona u.a.) verbreitet – in Deutschland blieb sie während der Renaissance weitgehend auf das behandelte Gebiet beschränkt.

Während man in den Quellen zwar auf die Namen des »Ziegelbrenners« Statius von Düren und der »Maurermeister« Valentin von Lyra und Gabriel van Aken stößt, ist ein eigentlicher Architekt des Fürstenhofs – vielleicht um den Anteil des Bauherren nicht zu schmälern – in den Quellen nicht erwähnt. Es besteht allerdings die von Fritz Sarre ausgesprochene, jedoch unbewiesene Vermutung, daß der in Diensten des Herzogs stehende Architekt Erhard Altdorfer (ein Bruder Albrecht Altdorfers) an dem Bau beteiligt gewesen sein könnte. Da jedoch die in Lübeck ansässigen Nieder-

19

länder für die Herstellung der Terrakotta- und Sandsteinreliefs, also der eigentlich konstituierenden Elemente des Gebäudes, verantwortlich waren, geht ihre Leistung weit über das hinaus, was man gemeinhin als die Arbeit von Handwerkern ansieht. Mit der Ergänzung einzelner Verzierungen in den Schmuckfriesen war die Errichtung des Fürstenhofs in den sechziger Jahren des 16. Jahrhunderts zunächst vollendet.

Bereits wenig später setzte die sich über mehrere Jahrhunderte erstreckende schrittweise Demontage des ursprünglichen Zustandes ein. Das ehemals aus Kalkmauerwerk bestehende, mit Lünettengiebeln in der Art des Schweriner Schlosses bekränzte Satteldach mußte 1574, da es sich für die Gebäudestatik als zu schwer erwies, entfernt und durch das bestehende Walmdach ersetzt werden. Nachdem Wismar und die Insel Poel als Ergebnis des Westfälischen Friedens (1648) an Schweden gefallen waren, wurde der Fürstenhof Sitz des obersten schwedischen Gerichts in den deutschen Besitzungen. Die Schweden behandelten den Bau vergleichsweise respektlos und nahmen mehrfach Umgestaltungen vor, die in den Inventaren wohl zu Recht als Verunstaltung der Fassade bezeichnet werden. Gemeint war damit vor allem die partielle Beseitigung der Terrakottaplatten und die Ersetzung der originalen, kunstvoll dekorierten Renaissancefenster durch zeittypische Sprossenfenster.

Auch nach der Rückübertragung Wismars an Mecklenburg durch den Pachtvertrag von Malmö (der eine hundertjährige Abtretung Wismars für 1 250 000 Taler zum Inhalt hatte) im Jahre 1803 verblieb der Fürstenhof noch für lange Zeit in seinem veränderten Zustand. Sein heutiges Aussehen verdankt er wesentlich der umstrittenen Restaurierung durch Carl Luckow (1877/78). Dieser rekonstruierte zwar die Grundform der vormals dreigeteilten Fenster, bei den Terrakottarahmungen bediente er sich jedoch nicht des nach Cornelis Floris benannten niederländischen Groteskenstils, in dem sie ursprünglich gefertigt waren, sondern eines vermeintlich eleganteren »klassizierenden« Stils, der mit den alten Bauteilen deutlich kontrastiert. Luckows Entscheidung, zwei der auf der Hofseite befindlichen terrakottagerahmten Portale entfernen und die übrigen – obwohl bis dato im Originalzustand erhalten – neu einfassen zu lassen, erscheint noch heute unverständlich. Die erwähnte, im 16. Jahrhundert abgebrochene Dachgestaltung wurde nicht wiederhergestellt. Die einzigen weitgehend im ursprünglichen Zustand erhaltenen Schmuckpartien sind somit die Sandsteinfassungen der Durchfahrtsportale.

Der Neue oder Fürstenhof ist ein dreigeschossiger verputzter Backsteinbau unter einem steilen Walmdach. An sein Ostende ist ein im Querschnitt quadratisches Treppenhaus (Wendelstein) angefügt. Obschon er dem Palazzo Roverella in Ferrara in manchen Belangen gleicht, sind doch beträchtliche Unterschiede festzustellen. Als Gemeinsamkeiten sind vor

Wismar,
Fürstenhof.
Hofseite mit
Marienturm

allem die genannten Terrakottaplatten, die man in den Schmuckfriesen, den Fensterrahmungen und in den Pilastern findet, sowie die im Gebäudezentrum befindliche Durchfahrt hervorzuheben. Die Fassung der letzteren besteht jedoch in Wismar nicht aus Terrakotta, sondern aus halbplastischen, sandsteingefertigten Figuren (David und Goliath sowie Simson und Delila neben grimassierenden Masken und Fruchtgehängen). Diese sind unverkennbar von der Formensprache des manieristischen italienischen Groteskenstils (Veneziano, Arcimboldi u.a.) geprägt, die durch den Antwerpener Architekten, Dekorateur und Zeichner Cornelis Floris (Antwerpener Rathaus) in übersteigerter Form Eingang in die niederländische und später auch in die deutsche Baukunst (Heidelberg, Merseburg, Torgau u.v.a.) fand. Anders als in Ferrara gibt es in Wismar neben den Terrakottareliefs zusätzlich noch Kalk- und Sandsteinreliefs. Auch die Teilung der Fenster durch Zwischenpfosten findet man beim Palazzo Roverella nicht – wohl aber bei vielen anderen zeitgenössischen italienischen und niederländischen Bauten. Wenngleich die im 19. Jahrhundert wiederhergestellte Grobgliederung der Fenster italienisch erscheint (Palazzo Medici–Ricardo in Florenz, Fondaco dei Tedeschi in Venedig u.v.a.), spiegelt sich in ihrer Ornamentik doch eher das Formengefühl ihrer niederländischen Schöpfer. Das ehemals reich verzierte, vom beinahe flachen italienischen Vorbild deutlich unterschiedene steile Satteldach entsprach einerseits den Forderungen des niederschlagsreicheren nordischen Klimas und folgte andererseits der spezifisch deutschen Neigung zur Giebelbildung, die im italienischen Kulturraum kaum und im niederländischen zumindest weniger ausgeprägt war. Das heutige ungegliederte Walmdach wird schon von Friedrich Schlie in den Inventaren als inadäquat kritisiert. Das Fehlen der giebelgeschmückten Gauben wird hier, anders als in Ferrara, wo das vorkragende Gesims aufgrund des geringen Neigungswinkels des Dachstuhls als Gebäudeabschluß erscheint, als Defizit empfunden.

Die Schmuckfriese entstammen wie erwähnt größtenteils den Jahren 1877/78. Sie zeigen teils antikisierende (Büsten von Zeus und Athene u.ä.), teils biblische Darstellungen (Szenen mit dem verlorenen Sohn). Zumindest die Sujets der historistischen Ergänzungen stimmen z.T. mit denen des 16. Jahrhunderts überein. Die terrakottagefertigten Porträtmedaillons sind größtenteils verlorengegangen. Bei den sandsteingefertigten Schmuckfriesen mit Darstellungen des trojanischen Krieges handelt es sich um Kopien aus den sechziger Jahren unseres Jahrhunderts.

Trotz dieser Einschränkungen, die dem Betrachter auf den ersten Blick kaum bewußt werden, ist der Fürstenhof auch heute noch ein eindrucksvoller und harmonischer Bau, der vor allem auch mit der umgebenden mittelalterlichen Backsteinarchitektur wunderbar korrespondiert. Er ist – ungeachtet seiner Natur als regionales Erstlingswerk der beginnenden

Wismar, Fürstenhof.
Historistische Terrakottaornamentik am Portal des Treppenhauses

Bützow, Schloß.
Terrakotta-Porträtmedaillons aus
dem 16. Jahrhundert

»Neuzeit« – ein ausgereiftes Werk ohne die Pionierbauten häufig anhaftenden Spuren unsicheren Experimentierens, das etwa zeitgleich mit anderen großen europäischen Renaissancepalästen wie dem Heidelberger Schloß, dem Louvre oder dem Escorial entstand.

Bützow. Das Bützower Schloß ist eigentlich der im Renaissancestil umgestaltete Palas der mittelalterlichen Bischofsburg, von der sich sonst nur geringfügige Reste erhalten haben. Das umgebende Areal ging 1171 durch eine Schenkung Pribislaws an die Schweriner Bischöfe. Obwohl das Bützower Schloß somit erst nach der Säkularisation von 1540 formell herzogliche Residenz wurde, diente es de facto, da sich die Schweriner Bischöfe seit der Regentschaft von Herzog Magnus II. aus Angehörigen des mecklenburgischen Fürstenhauses rekrutierten, schon seit dem späten 15. Jahrhundert vorwiegend der Herrscherfamilie. Im Jahre 1555 ließ Herzog Ulrich das Hauptgebäude der alten Burg von Franz Parr – dem Baumeister des Güstrower Schlosses – zum Renaissanceschloß umbauen. Im 18. Jahrhundert diente der Bau als Domizil der ehemaligen Bützower Universität, heute beherbergt er eine Schule, ein Museum und einige Behördenbüros.

Bützow, Schloß. Ansicht von Nordosten

Das Bützower Schloß ist ein stattlicher dreigeschossiger Bau unter einem steilen Satteldach. Sein architektonischer Kern ist der Palas der alten Burg aus dem 14. Jahrhundert. Weitgehend unverändert erhalten hat sich von diesem jedoch nur die Kapelle im Erdgeschoß, in der heute das Heimatmuseum untergebracht ist. Sämtliche Giebel und Fassadendetails wurden im 16. Jahrhundert dem Zeitgeschmack entsprechend neugestaltet. Im Südosten fügte Franz Parr einen kleinen Seitenflügel an, der den künstlerisch bemerkenswertesten Teil des Gebäudes darstellt. Sein Dachstuhl mündet in einen hochaufragenden Renaissancegiebel, und unter den Fenstern des zweiten Obergeschosses ist ein ausnahmsweise im Originalzustand überkommener Schmuckfries mit Terrakotten aus der Werkstatt des Statius von Düren angebracht. Während das etwa 100 Meter östlich des Schlosses befindliche ehemalige Wirtschaftsgebäude der Burg, das »Krumme Haus«, erhalten geblieben ist, wurden der Bergfried und der Mauerring im 18. Jahrhundert abgebrochen.

Güstrow. Das Güstrower ist nach dem Schweriner Schloß der räumlich bedeutendste und zugleich einer der am besten erhaltenen Bauten der mecklenburgischen Renaissance. In künstlerischer Hinsicht stellt es einen bewußten Gegenentwurf zum italienisch geprägten »Johann-Albrecht-Stil« des Wismarer Fürstenhofs und seiner Nachfolgebauten dar. Ungeachtet der lombardischen Herkunft seines Hauptbaumeisters folgt es stilistisch vorrangig französischen Vorbildern. War bei den Renaissanceschlössern der ersten Generation, deren Terrakottaornamentik den verputzten Backsteinkern nicht vollständig verleugnete, eine gewisse Verbindung zu den regionalen mittelalterlichen Bautraditionen noch erkennbar, so wurde mit dem Güstrower Schloß ein Bruch vollzogen.

Im Vergleich mit seiner verwirrenden Nutzungsgeschichte verlief die Entstehung relativ schnell und geradlinig. Nachdem Ulrich III., der jüngere Bruder Johann Albrechts, als Ergebnis einer Güterteilung 1555 mit dem Territorium des späteren Teilherzogtums Mecklenburg-Güstrow abgefunden wurde, verlegte er seine Residenz zunächst in die mittelalterliche Burg der Fürsten von Werle in Güstrow. Als diese im Jahre 1557 größtenteils ausbrannte, betraute er den Baumeister Franz Parr (einen Bruder des Johann Baptista Parr, der die Schloßkapelle in Schwerin schuf) mit der Errichtung eines Neubaus. Obschon in den Inventaren aus der deutschsprachigen Kontraktfassung (vom 9. Februar 1558) auf eine »hochdeutsche« Herkunft Parrs geschlossen wird, geht man heute davon aus, daß die in Schlesien niedergelassene Architektenfamilie ursprünglich in der Lombardei beheimatet war. Unter Parrs Leitung entstanden zwischen 1558 und 1566 der Süd- und der Westflügel des Schlosses. 1586 brannte es im Güstrower Schloß abermals. Diesmal vernichteten die Flammen den bis dato

Güstrow, Schloß. Gesamtansicht
von Südwesten

erhaltenen nördlichen Trakt der alten Burg. Der durch die jahrhunderte-
lange Zweckentfremdung und Vernachlässigung nur in entstellter Form erhaltene Nordflügel (der ursprünglich wie der südliche mit mehrgeschossigen Galerien ausgestattet war) wurde in der Folge (1587–91) von dem
Niederländer Philipp Brandin geschaffen. Den vorläufigen Abschluß der
Bauarbeiten bildete der von Klaus Midow errichtete Ostflügel mit der
Schloßkapelle. Mit diesem war der rechteckige Innenhof nahezu vollständig umbaut. Ein kleiner Ergänzungstrakt wurde während der von 1628 bis

1630 andauernden Herrschaft Wallensteins angefügt – und von den auf Rache sinnenden mecklenburgischen Herzögen nach dessen Abzug wieder abgetragen. Der brandmauerartige Abschluß am Südflügel läßt dessen ursprüngliche Funktion als Zwischenwand noch deutlich erkennen.

Auch der Garten wurde unter Wallenstein durchgreifend neugestaltet. Nachdem er im Laufe der Jahrhunderte vollkommen verwildert war (auf Vorkriegsfotos sieht man eine Brachlandschaft mit vereinzelten Obstbäumen, durchzogen von Wäscheleinen), wurde sein durch einen Merian-Stich von 1653 überliefertes Antlitz in den siebziger Jahren rekonstruiert. Er ist in der Region die einzige bestehende Gartenanlage aus dieser Zeit. Mit der Errichtung des dem Schloß westlich vorgelagerten Torhauses nach Plänen von Charles Philippe Dieussart (der auch das heute völlig verwüstete Residenzschloß in Rossewitz 15 Kilometer nordöstlich von Güstrow und Teile des Darguner Schlosses errichtete) waren die Bauarbeiten auf dem Residenzgelände 1671 im wesentlichen beendet.

Als mit Herzog Gustav Adolf 1695 der letzte Regent der Güstrower Linie verstarb, versank die Residenz in die Bedeutungslosigkeit. Das ehe-

Güstrow, Schloß. Hofseite des Südflügels

Güstrow, Schloß. Parrsaal

malige Teilherzogtum wurde dem Kerngebiet wieder einverleibt und ein
großer Teil des Interieurs, da hier nutzlos geworden, nach Schwerin ver-
bracht. Weil der Ostflügel infolge der zunehmenden Verwahrlosung
baufällig wurde, ließ man ihn 1795 abtragen. Die mecklenburgischen Herzöge zeigten an dem nunmehr dreiflügeligen Gebäude fortan keinerlei Interesse mehr. Als Tiefpunkte der Nutzungsgeschichte des Schlosses seien
die Verwendung als Landesarbeitshaus für Straftäter im 19. Jahrhundert
sowie als Internierungslager während der NS-Zeit erwähnt. Nachdem es
bis in die sechziger Jahre hinein als Altersheim fungiert hatte, unterzog
man es einer aufwendigen Restaurierung. Die kunsthistorisch bedeutend-
sten Räume sind heute als Museum zugänglich.

Wenn oben gesagt wurde, das Güstrower Schloß stehe vornehmlich in
der Tradition französischer Bauten, so sind dabei Einschränkungen zu
machen. Obschon man sich bei seinem Anblick leicht an die zeitgenössischen Schlösser an der Loire erinnert fühlen kann, so bilden die einzelnen Teile seines scheinbar homogenen Gesamtbildes doch ein vergleichsweise buntes Stilkonglomerat. Der Eindruck der Einheitlichkeit rührt
zweifellos vornehmlich von der den gesamten Bau umfassenden, ge-
schoßweise variierenden Putzquaderung her, die man auch am 100 Jahre

Güstrow, Schloß. Stuckdeckenreliefs
im Festsaal

jüngeren Torhaus findet. Paradoxerweise ist es jedoch gerade dieses Gliederungselement, das am wenigsten in das Bild vom französischen Renaissanceschloß passen will. Die natursteingefertigten Schlösser im »vallée
royale« besitzen, ebenso wie der größte Teil der süd- und westdeutschen
Renaissancepaläste, vergleichsweise geglättete Fassaden. Die Tatsache,
daß eine solchermaßen plastisch gestaltete Außenhaut zu den charakteristischen Kennzeichen florentinischer Paläste (Palazzo Rucellai, Palazzo
Medici, Palazzo Pitti u.a.) zählt, dürfte durchaus als Indiz für eine italienische Herkunft des Güstrower Baumeisters zu werten sein. Die hier ein-
geführte Form der Oberflächengestaltung wurde in ähnlicher Weise auch
am Darguner Schloß und am Torhaus der Mirower Residenz übernommen.

Dennoch erscheint die Außenfront des Güstrower Schlosses ganz und
gar »unitalienisch«. Dies rührt vor allem daher, daß die typisch italienische
Blockform, die man beim Wismarer Fürstenhof noch findet, hier zugun-
sten eines stark zergliederten Gruppenbaus aufgegeben wurde. Einzel-
heiten wie die oktogonalen Eckpavillons, die zahlreichen schlanken Türmchen mit ihren spitzen Kegelhelmen oder die Gesimskonsolen findet man
bei fast allen zeitgenössischen französischen Bauten wieder (Azay le
Rideau, Chenonceau, Loches, Chaumont, Saumur u.v.a.). Auch eine skur-
rile Nebensächlichkeit läßt den Gedanken an eine Vorbildfunktion französischer Schlösser aufkommen. Beim Anblick der vielen, teils phantasievoll

geformten Schornsteine fällt dem Betrachter unwillkürlich die Dachgestaltung von Schloß Chambord ein, die später auch bei der historistischen Neugestaltung des Schweriner Schlosses Pate gestanden hat.

Der Schloßhof ist, abgesehen von dem hoch aufragenden, aber weniger gegliederten Nordtrakt von Philipp Brandin mit seinem wappengeschmückten Erker, in erster Linie durch die dreigeschossigen Laubengänge und den wuchtigen halboffenen Treppenturm im Südflügel geprägt. Der Treppenturm ist ein architektonisches Motiv, das letztlich auf das Schloß von Blois an der Loire zurückgeht, hier aber möglicherweise über Schloß Hartenfels in Torgau (»großer Wendelstein«) vermittelt wurde. Wenngleich man ähnlich lange und teilweise auch mehrgeschossige Arkadenreihungen auch in Frankreich (Chambord, Villandry, Amboise u.a.) findet, sind solche Loggien, schon aus klimatischen Gründen, doch vor allem ein südländisches Architekturmotiv. Während die Innenhöfe vieler der stärker an italienischen Vorbildern orientierten süddeutschen Renaissanceschlösser (Landshut, Kulmbach, Neuburg, Amerang u.v.a.) gleichfalls häufig mit mehrgeschossigen Laubengängen ausgestattet sind, so ist diese Gestaltung in Nord- und Mitteldeutschland weit seltener (Wittenberg, Altenburg, Darfeld u.a.). Eine sehr detailnahe Adaptation der Güstrower Arkaden findet (oder besser fand) man in Mecklenburg noch in der Ruine von Schloß Dargun, das gleichfalls im Auftrag von Herzog Ulrich III. errichtet wurde und dem Güstrower Bau sehr nahe stand.

Güstrow, Schloß. Festsaal nach Westen

Neben solchermaßen »importierten« Einflüssen weist das Güstrower Schloß auch stilistische Merkmale auf, die eindeutig deutscher Bautradition entspringen. Dazu zu zählen sind vor allem die ausgeprägte Asymmetrie des Baukörpers (die meisten französischen und italienischen Paläste sind streng symmetrisch) sowie der große, die Hauptfassade dominierende, reich gegliederte Giebel.

Wenn auch die ursprüngliche Inneneinrichtung aus den erwähnten Gründen nicht mehr vorhanden ist, läßt sich heute zumindest die nach langer Zweckentfremdung mit großem Aufwand restaurierte Wand- und Deckengestaltung in den wichtigsten Räumen wieder bewundern. Die Glanzpunkte des Baus sind der grandiose Festsaal mit seinem »Hirschfries« und der 43teiligen Kassettendecke mit halbplastischen Jagddarstellungen sowie die farbige Schmuckdecke mit ihrem manieristischen Formenspiel im sogenannten Parrsaal (Obere Hofstube). Die reiche und in dieser Form in Deutschland einmalige Renaissance-Stuckausstattung stammt überwiegend von Christoph Parr, einem der Brüder des Baumeisters. Im zweiten Obergeschoß befindet sich heute eine sehenswerte Sammlung von Jagd- und Prunkwaffen, antiken Vasen und einigen Gemälden.

Auf den ersten Blick erliegt man leicht der Versuchung, das mit dem Schloß durch eine Brücke verbundene Torhaus gleichfalls in das 16. Jahrhundert zu datieren. Wer sich von der gleichartig gestalteten Oberflächenreliefierung nicht täuschen läßt, erkennt jedoch, daß er es mit einem Barockbau zu tun hat. Der von gebänderten toskanischen Halbsäulen getragene Mittelrisalit, der von einem mit dem Wappen der mecklenburgischen Herzöge geschmückten Dreiecksgiebel überragt wird, und die Fenster unterscheiden den Bau deutlich vom nahen Schloß. Stilistisch ist das Torhaus eng an zeitgenössische französische Vorbilder wie etwa das Pariser Palais Luxembourg oder Schloß Beaumesnil angelehnt.

Der vermutlich von Wallenstein angelegte Garten erinnert ein wenig an die Gärten der Diana von Poitiers in Chenonceau. Innerhalb einer das rechteckige Areal umfassenden Pergola befinden sich unzählige, sich um ein sternförmiges Zentrum herumgruppierende, streng symmetrische Blumenrabatten, Rasenflächen und teils auch exotische Pflanzen. Die Pergola wird wiederum von einem Wassergraben, der heutzutage auf der Ostseite fast zu einem kleinen See ausgebildet ist, eingerahmt.

Wie oben bereits bemerkt, gibt es in Mecklenburg keinen zweiten Renaissancebau, dessen ursprüngliches Aussehen sich so unverfälscht erhalten hat wie das Güstrower Schloß. Trotz der erwähnten Einschränkungen ist die historische Zäsur, die das Schloß zum Nebenschauplatz werden ließ, möglicherweise als Glücksfall zu werten. Da die mecklenburgischen Herzöge an dem Bau das Interesse verloren, findet man hier – anders als in Schwerin, Wismar oder Gadebusch – keine späteren »Verschönerungen«.

Gadebusch, Schloß. Hauptportal
mit Terrakottarahmung

Gadebusch. Schloß Gadebusch zählt, obgleich es nicht für Herzog Johann Albrecht I., sondern für dessen jüngsten Bruder Christoph geschaffen wurde, zu den Bauten, die im »Johann-Albrecht-Stil« errichtet wurden. Christoph, der zugleich auch als Bischof von Ratzeburg fungierte, wählte die Stadt Gadebusch 1569 nach seiner Rückkehr aus Livland zum Sitz seiner zukünftigen Residenz. Der größte Teil der frühgotischen Vorgängerburg (die auf den Fundamenten einer wendischen Festung errichtet worden war) mußte 1571 dem Neubau des Schlosses weichen – nur im Erdgeschoß wurden, von außen nicht erkennbar, einige Teile des ehemaligen Wohntraktes übernommen. Der noch lange Zeit wenige Meter östlich des Neubaus stehende alte Bergfried wurde erst im 19. Jahrhundert abgetragen. Herzog Christoph zeigte weniger persönliches Engagement bei der Gestaltung des Schlosses als sein Bruder und überließ die Details dem mit der Durchführung der Bauarbeiten betrauten Architekten Christoph Haubitz.

Die Grundform des vermutlich erst 1573 vollendeten Baus ist die gleiche wie beim Wismarer Fürstenhof. Wie sein dem Palazzo Roverella in Ferrara folgendes Vorbild ist das Gadebuscher Schloß ein in West-Ost-Richtung verlaufender, dreigeschossiger rechteckiger Einflügelbau mit einem Treppenturm (Wendelstein) an seinem Südostende. Die für die Bauten der Epoche charakteristische reiche Ausstattung mit halbplastischen terra-

Gadebusch, Schloß.
Gesamtansicht von Süden

kottagefertigten Schmuckfriesen, Pilastern und Portalrahmungen findet man auch beim Gadebuscher Schloß. Die Tonplatten stammen größtenteils, wie bei den Fürstenhöfen in Schwerin und Wismar, aus der Lübecker Werkstatt des Statius von Düren, teils sind sie aber auch von einheimischen Künstlern angefertigt worden. Wie bei den vorgenannten Bauten zeigen sie abwechselnd mythologische und vegetabile Motive im flämischen Groteskenstil und biblische Geschehnisse. Daneben findet man aber auch, vor allem in den Friesen, Reihungen von Porträtmedaillons mit Profilansichten zeitgenössischer Persönlichkeiten. Obgleich auch hier zahlreiche der z.T. stark verwitterten Terrakotten bei der Restaurierung (1903) durch Nachbildungen ersetzt werden mußten, entspricht der heutige Zustand weit eher dem Original als etwa beim Wismarer Fürstenhof.

Die auffälligsten Unterschiede zum Wismarer Bau sind das Fehlen einer großen Tordurchfahrt, die prächtigen Lünettengiebel über dem Treppenhaus und der Westfassade sowie die Form der Fenster. Die Lünettengiebel, die ihre heutige Form der Rekonstruktion von 1903 verdanken (die Fotos in den Inventaren von 1896 zeigen an ihrer Stelle noch schlichte Dreiecksgiebel), waren eine Übernahme vom Schweriner Schloß, an dessen Errichtung auch Christoph Haubitz beteiligt war. Ähnliche Giebelformen findet man in Mecklenburg auch an den Renaissancepartien von Schloß Basedow. Die hölzernen Sprossenfenster stellen eine starke Vereinfachung gegenüber den dreigeteilten, terrakottagerahmten Vorbildern dar. Nur die Fenster des Treppenhauses sind zusätzlich noch durch steinerne Mittelpfosten geteilt. Das steile Satteldach weist keine Gliederung auf – eine Ausstattung mit übergiebelten Gauben, wie man sie in Schwerin findet und wie sie ehemals auch der Wismarer Fürstenhof besaß, gab es hier nicht.

Auf einem Merian-Stich aus dem Jahre 1652 erkennt man, daß der Bau ursprünglich über Gliederungselemente verfügte, die bei der Restaurierung im Jahre 1903 nicht wiederhergestellt wurden. Die heutige, monoton erscheinende Fensterabfolge war noch im 17. Jahrhundert durch einen schlanken Treppenturm und einen aus dem zweiten Obergeschoß herausfluchtenden Erker unterbrochen, deren spitze Kegelhelme auch die Dachgestaltung belebten.

Da das Schloß nur bis in die erste Hälfte des 17. Jahrhunderts hinein als Residenz diente und seitdem auf eine lange und verwirrende Nutzungsgeschichte zurückblicken kann (seit dem zweiten Weltkrieg fungiert es als Internat), hat sich im Inneren von der ursprünglichen Gestaltung wenig erhalten. Die bemerkenswertesten Ausstattungselemente sind wiederum einige schöne Terrakottaportale aus der Entstehungszeit des Schlosses im zweiten Obergeschoß. Die Eichenbalken im Erdgeschoß gehören zu den angesprochenen Überbleibseln der Vorgängerburg.

Barock und Rokoko

Wenn man die Liste der mecklenburgischen Residenzschlösser studiert, stößt man auf die Namen einer Vielzahl prominenter Bauten aus dem 16. sowie aus dem späten 18. und dem 19. Jahrhundert. Barockschlösser von europäischem oder zumindest nationalem Rang vermißt man – abgesehen von Schloß Ludwigslust, das am Ende der Epoche eine Sonderstellung einnimmt – jedoch gänzlich. Das Zeitalter, in dem fast allerorten echte oder vermeintliche absolutistische Herrscher in dem Bestreben, die Pracht der zeitgenössischen französischen Königsschlösser zu imitieren, ihre Staatsfinanzen mit überdimensionierten Monumentalbauten ruinierten, hat in Mecklenburg nur wenig Herausragendes hervorgebracht. Seine Ursache hatte dies zwar z.T. auch in den Barbareien unseres Zeitalters (von den elf barocken Residenzschlössern sind allein vier in der Kriegs- oder Nachkriegszeit zerstört oder schwer beschädigt worden) – hauptverantwortlich waren jedoch vorrangig die politischen Katastrophen des 17. und 18. Jahrhunderts. Mecklenburg hatte nicht nur unter den Folgen des Dreißigjährigen Krieges zu leiden wie kaum eine andere deutsche Region. Auch der Schwedisch-polnische Krieg (1655–60), der Brandenburgisch-schwedische Krieg (1675), der Nordische Krieg (1700–21) und nicht zuletzt auch der Siebenjährige Krieg (1756–63) spielten sich teilweise auf dem Territorium des formell unbeteiligten Landes ab, das so mit einer gewissen Regelmäßigkeit von den üblichen Begleiterscheinungen militärischer Auseinandersetzungen heimgesucht wurde. Der in politischer Hinsicht »ereignisreichste« Zeitabschnitt in der Geschichte des Landes wurde somit zum kulturell ärmsten.

Die bei weitem nachhaltigsten Folgen sowohl für die wirtschaftliche als auch für die kulturelle Entwicklung des Landes hatte jedoch der am Beginn der Epoche stehende Dreißigjährige Krieg. Zwischen 1618 und 1648 sank die Einwohnerzahl um ca. 80%, und die Bautätigkeit kam fast allerorten zum Erliegen. Hatte die mecklenburgische Wirtschaft schon im 16. Jahrhundert vornehmlich von der Substanz verflossenen hanseatischen Reichtums gezehrt, so war sie jetzt für lange Zeit nahezu vernichtet. Die unentschlossene Politik der mecklenburgischen Landesfürsten hatte beträchtlichen Anteil am Ausmaß der Katastrophe. Nach der militärischen Niederlage gegen die Truppen der katholischen Liga mußten die wegen »Hochverrat« abgesetzten Herzöge das Land verlassen und wurden durch den kaiserlichen Generalissimus Wallenstein ersetzt. Dessen dem Land eher förderliche Reformpolitik fand jedoch schon ein baldiges Ende und wurde von den 1635 von den Schweden wiedereingesetzten Herzögen alsbald zunichte gemacht. Selbst der von Wallenstein errichtete Ergänzungsflügel am Güstrower Schloß wurde wieder abgebrochen.

Die Schrecken der Kriege hatten auch eine allgemeine Verrohung der politischen und gesellschaftlichen Kultur zur Folge. Schlaglichtartig kommt dies in dem Phänomen des Bauernlegens zum Ausdruck, das einerseits die Vernichtung eines bedeutenden Teils der originären mecklenburgischen Volkskultur bewirkte, andererseits aber zynischerweise eine entscheidende Voraussetzung für die aristokratische Prachtentfaltung der Folgezeit darstellte. In der zweiten Hälfte des 17. Jahrhunderts begannen sowohl die ortsansässige Ritterschaft als auch die mecklenburgischen Herzöge, den Grundbesitz derjenigen Bauern, die über keine schriftlichen Erbschaftsnachweise verfügten (also praktisch aller), ihren Ländereien zuzuschlagen (zu legen). Die Konsequenz daraus war die 1654 auch juristisch fixierte sogenannte zweite Leibeigenschaft der bis dato weitgehend freien Bauernschaft und die Umwandlung der Bauerndörfer in Gutssiedlungen. Die neugeschaffene Agrarstruktur spiegelte sich nun in den zahlreichen sogenannten Herrenhäusern wider, die die Verwaltungs- und Repräsentationszentren der solchermaßen zu Wohlstand gelangten Aristokratie bildeten. Die Herrenhäuser und Schlösser des Landadels erscheinen in dieser Epoche sowohl hinsichtlich ihrer Abmessungen als auch der künstlerischen Ausstattung nahezu gleichberechtigt neben denen der Landesfürsten, sind von diesen nur funktionell unterschieden. So ist beispielsweise das räumlich bedeutendste Barockschloß des Landes kein herzogliches, sondern das des Grafen Bothmer bei Klütz, mit seiner 200 Meter langen Gartenfront.

In die in diesem Kapitel behandelte Epoche fiel auch die letzte, dynastische Teilung in der Geschichte des Landes. Die jahrelangen Erbstreitigkeiten nach dem Aussterben der Güstrower Linie (1695) endeten 1701 mit dem »Hamburger Vergleich«, der die Spaltung des Landes in die Teilherzogtümer Mecklenburg-Schwerin und Mecklenburg-Strelitz zum Ergebnis hatte. Während der Strelitzer Landesteil insofern vom Glück begünstigt war, als er mit Adolf Friedrich II., III. und IV. verantwortungsvoll regierende Landesfürsten erhielt, hatte das Schweriner Teilfürstentum im 18. Jahrhundert neben den obengenannten Katastrophen auch noch eine Reihe unfähiger und despotischer Herrscher zu ertragen. An der Biographie Karl Leopolds, der sich für das Land als besonders tragische Figur erwies, zeigt sich zudem beispielhaft, daß die hanseatischen Küstenstädte, obschon nicht mehr im Besitz der vormaligen Machtposition, auch im 18. Jahrhundert keinesfalls einflußlos waren. So führte die vom Rostocker Stadtrat gegen den nach Abschaffung der Ständeordnung strebenden, machtbesessenen Herzog (den Bauherrn des Rostocker Palais) beantragte »Reichsexekution« schließlich 1728 nach erbitterten Auseinandersetzungen zu dessen Amtsenthebung. Die Nachfolger Karl Leopolds bemühten sich in der Folge wieder um ein harmonischeres Verhältnis zu den Ständen.

Ungeachtet des oben Gesagten kann keinesfalls behauptet werden, daß in Mecklenburg im 17. und 18. Jahrhundert keine Schlösser gebaut wurden – die Zahl der barocken Residenzanlagen übertrifft im Gegenteil sogar die der Renaissancebauten. Dennoch zeigt sich schon in den im Vergleich mit den Bauten anderer deutscher Regionen überwiegend geringen räumlichen Dimensionen der mecklenburgischen Schlösser, daß die Möglichkeiten der Region offenbar begrenzt waren. Bemerkenswerter noch war der Verlust an künstlerischer Eigenständigkeit. Waren die mecklenburgischen Renaissanceschlösser zumindest innerhalb der deutschen Baukunst von einer stilistischen Einzigartigkeit, so stehen die Bauten der repräsentationssüchtigen Folgeepoche vor allem in der Abhängigkeit von preußischen Vorbildern.

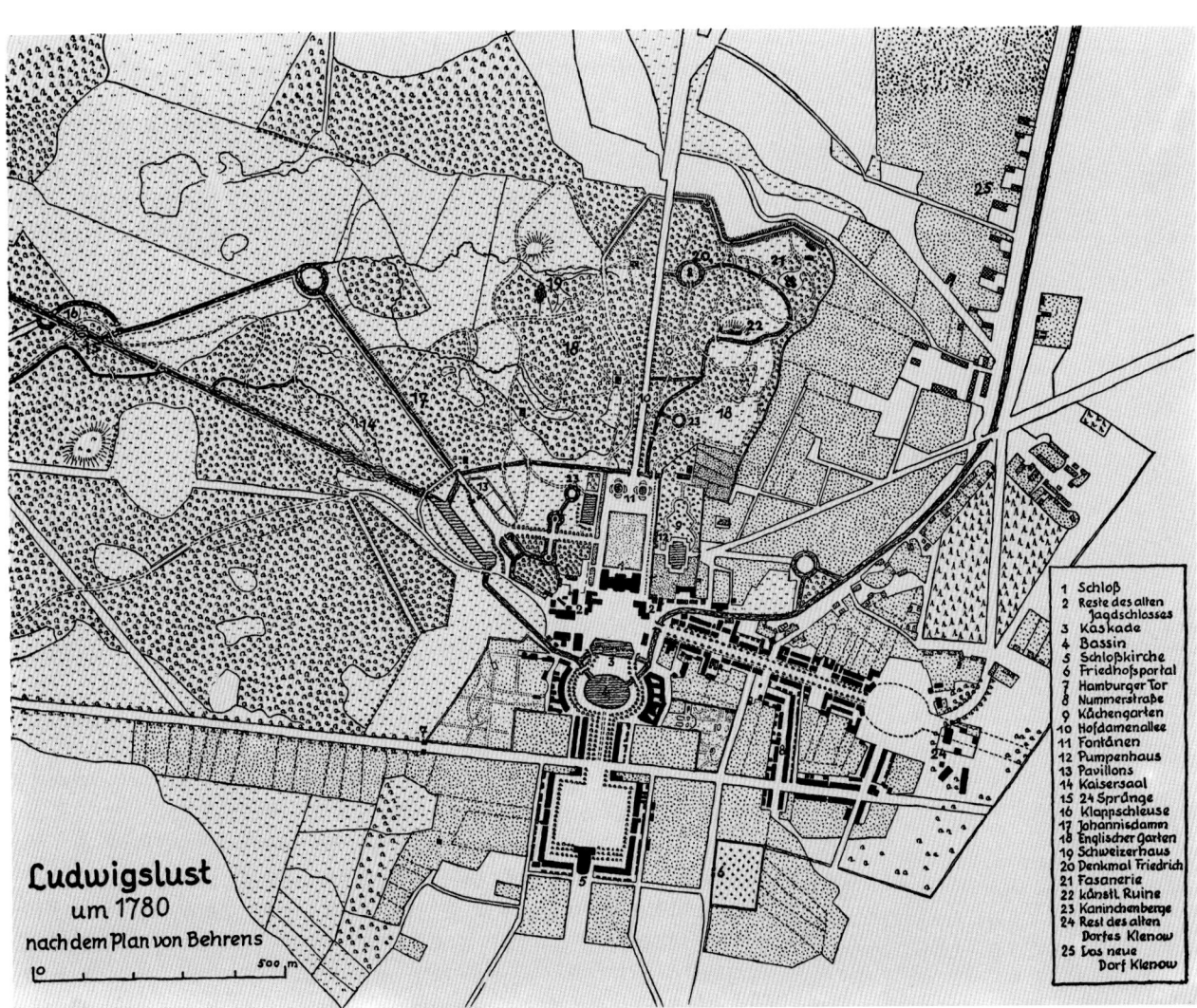

Ludwigslust
um 1780
nach dem Plan von Behrens

0 — 500 m

1 Schloß
2 Reste des alten Jagdschlosses
3 Kaskade
4 Bassin
5 Schloßkirche
6 Friedhofsportal
7 Hamburger Tor
8 Nummerstraße
9 Küchengarten
10 Hofdamenallee
11 Fontänen
12 Pumpenhaus
13 Pavillons
14 Kaisersaal
15 24 Sprünge
16 Klappschleuse
17 Johannisdamm
18 Englischer Garten
19 Schweizerhaus
20 Denkmal Friedrich
21 Fasanerie
22 künstl. Ruine
23 Kaninchenberge
24 Rest des alten Dorfes Klenow
25 Das neue Dorf Klenow

Der kulturhistorische Zeitabschnitt, den man heute meist zusammenfassend nur als Barock bezeichnet findet, wurde in der älteren Literatur häufig gleichberechtigt in der zeitlichen Abfolge in Barock, Régence, Rokoko und Zopfstil (Louis-XVI-Stil) geschieden. Macht man sich diese Differenzierung zu eigen, so stellt man fest, in welchem Maße die skizzierten historischen Ereignisse auf die kulturelle Entwicklung durchgeschlagen haben. In der eigentlichen Barockzeit, dem etwa bis 1715 reichenden Abschnitt, in den die Entstehung der untrennbar mit der Epoche verbundenen Monumentalbauten in Versailles, Berlin, Nymphenburg, Schönbrunn etc. datiert, wurden in Mecklenburg neben wenigen Herrenhäusern (Ivenack, Hohen Luckow, Prillwitz) nur das Schloß in Rossewitz (1657–80) das Torhaus des Güstrower Schlosses (1671) und der Westflügel des Darguner Schlosses (1680) errichtet. Als Baumeister ist in den Quellen bei allen dreien jeweils der französische Hugenotte Charles Philippe Dieussart genannt, der sich darüber hinaus als Bildhauer und Architekturtheoretiker einen Namen gemacht hatte. Unbeschädigt erhalten hat sich von diesen Pionierbauten bedauerlicherweise nur das Güstrower Torhaus; vom Darguner Schloß stehen nach einem Brand am Ende des zweiten Weltkrieges nur Teile der Umfassungsmauern, und das Rossewitzer Schloß verdankt seinen ruinösen Zustand der Vernachlässigung während der DDR-Zeit. Ungeachtet der vergleichsweise geringen Abmessungen befinden (bzw. befanden) sich diese Bauten mit ihren durch Pilaster, Gesimse und teils flächendeckende, teils nur die Kanten betonende Putzquaderungen gegliederten Fassaden stilistisch und künstlerisch durchaus auf der Höhe ihrer Zeit.

Auch das durch allmählich wieder zunehmende Bauaktivität gekennzeichnete erste Viertel des 18. Jahrhunderts wurde von einer vor allem durch ihre theoretischen Schriften hervorgetretenen Architektenpersönlichkeit dominiert. Der »mecklenburgische Baudirektor« Leonhard Christoph Sturm vollendete das neue Schloß in Neustadt-Glewe und hatte als Bauleiter maßgeblichen Einfluß auf die Gestaltung des Rostocker Palais. Ersteres zeigt als Dreiflügelanlage mit zur Straße hin geöffnetem Cour d'honneur und einer kleinen Freitreppe zum Garten die charakteristischen Merkmale Pariser Régence-Palais (Hotel de Soubise, Palais Elysée u.a.).

Mit den 1726 unter der Leitung von Christoph Julius Löwe begonnenen Arbeiten am Neustrelitzer Schloß, dessen Innenraumgestaltung in Mecklenburg zugleich die Einführung des Rokoko-Stils markiert, wurde erstmalig der Versuch einer systematischen Residenz- und Stadtplanung unternommen. Nahezu zeitgleich mit dem Schloß entstand nicht nur das Areal der eigentlichen Residenz (mit Garten, Orangerie, Hoftheater und Marstall), sondern auch der größte Teil der heutigen, sternförmig um den Marktplatz gruppierten Innenstadtbebauung. Auch die kleineren Neben-

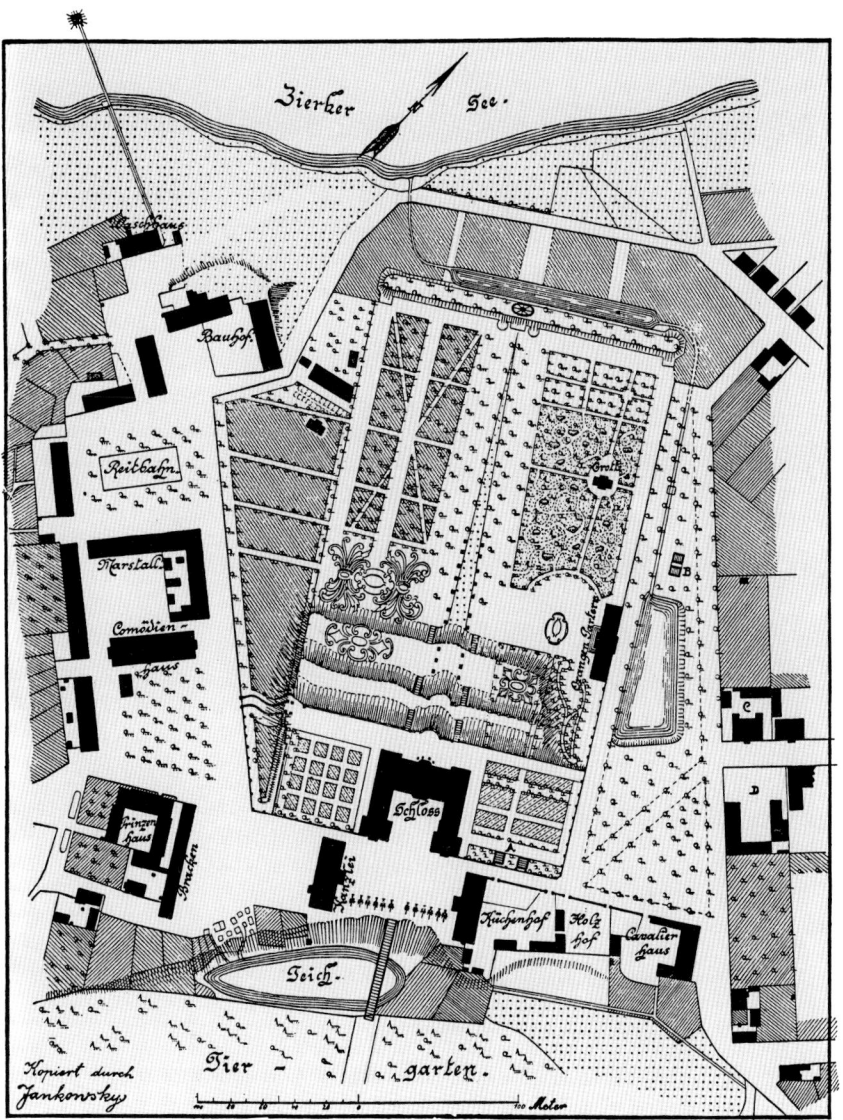

Lageplan des Schlosses zu Neustrelitz und seiner Umgebung nach 1791 (aus: Krüger, Kunst- und Geschichtsdenkmäler des Freistaates Mecklenburg-Strelitz)

residenzen des mittleren 18. Jahrhunderts wurden nun planmäßig mit künstlerisch und funktionell sich ergänzenden Baulichkeiten ausgestattet. So erhielt etwa das gleichfalls von Löwe errichtete Mirower Schloß auf der der Auffahrt gegenüberliegenden Seite ein optisch korrespondierendes »Kavaliershaus«, und das Hohenzieritzer Schloß wurde durch eine in den Ehrenhof führende Hauptachse mit Schloßkirche und Dorf verbunden.

Die Formensprache des Rokoko findet sich in Mecklenburg, vom Rostocker »Barocksaal« vielleicht abgesehen, fast nur im Inneren der Schlösser, wo sie allerdings, wie in Ludwigslust, noch bis zum Ende des 18. Jahrhunderts präsent bleibt. Die Außenfronten der Rokokobauten sind in der zweiten Jahrhunderthälfte fast ausnahmslos im schlichteren vorklassizistischen Zopfstil neugestaltet worden. Vor allem die leicht anhand der zahlreichen Stuck- und Putzgirlanden zu erkennende letztere Epoche, deren Vernachlässigung und Geringschätzung schon Jürgen Brandt 1925 bedauerte, läßt sich in Mecklenburg trotz der Kriegsverluste auch heute noch in einzigartiger Weise studieren (Hohenzieritz, Rostock, Ludwigslust u.a.). Von den streng symmetrischen, französischen Vorbildern folgenden zeitgenössischen Schloßparks haben sich Reste nur in Schwerin, Ludwigslust und Neustrelitz erhalten, alle anderen Anlagen wurden später als englische Landschaftsparks neugestaltet.

Bei den mecklenburgischen Barockschlössern findet man im wesentlichen drei Grundrißtypen: den vor allem im 17. Jahrhundert favorisierten einflügeligen Rechteckbau (Rossewitz, Dargun), den H-förmigen Einflügelbau (Mirow, Neubrandenburg) und den am häufigsten vertretenen repräsentativen Dreiflügelbau mit Ehrenhof (Neustrelitz, Fürstenberg, Friedrichsmoor, Neustadt-Glewe). Durch die seitliche Anfügung von Pavillons an das rechteckige Schloß entstand in Hohenzieritz nachträglich ein Ehrenhof, und auf gleiche Weise wurde das (kriegszerstörte) Neustrelitzer Schloß nach Versailler Muster um einen zweiten Vorhof erweitert. Die einzelnen Gebäudetrakte baute man im 18. Jahrhundert gegenüber denen der Barockzeit zunehmend weniger wuchtig und gewissermaßen hausartiger. Am Außenbau spiegelt sich der Wandel vom 17. zum 18. Jahrhundert im Übergang von den bewegter gegliederten Barockfassaden mit teilweise plastisch vor- und rückspringenden Abschnitten zu den vergleichsweise schematischen und flachen Schaufronten der Zopfzeit.

Ebenso wie bei den mecklenburgischen Renaissancebauten findet man auch bei denen des 17. und 18. Jahrhunderts, abgesehen von einigen Herrenhäusern im »Klützer Winkel« nahe der holsteinischen Grenze (Bothmer, Johannsdorf, Plüschow), kaum je offen sichtbare Backsteinmauern. Die Tatsache, daß die hier tätigen Architekten, im Unterschied zu den holsteinischen, die in großer Zahl unverputzte Backsteinschlösser und Herrenhäuser errichteten (Eutin, Steinhorst, Buchwald, Ludwigsburg, Güldenstein u.v.a.) offenbar Ressentiments gegen das Material hatten, ist aber nicht der alleinige Grund für dieses Phänomen. Tatsächlich ist zumindest bei einem Teil der Rokoko- und Zopfbauten überhaupt kein Backstein verwendet worden. So handelt es sich etwa in Mirow und Neustrelitz im Kern um Fachwerkbauten, die erst nachträglich mit massivem Mauerwerk und einer Putzschicht verkleidet wurden. Die einzigen Schlösser aus ehemals herzoglichem Besitz, die noch heute ihre ursprünglichen Fachwerkfassaden besitzen, sind das Alte Palais in Schwerin und das Jagdschloß in Friedrichsmoor. Auf die Gestaltung des Inneren hatte diese aus

Kostengründen gewählte Reduktion des Baukörpers jedoch keine Auswirkungen. Alle mecklenburgischen Barockbauten sind reich mit z.T. sehr eigenwilliger Stuckornamentik, Schnitzwerk und teils auch (wie ehemals in Rossewitz) mit Deckenbemalungen ausgestattet. Bei den späten Louis-XVI-Bauten findet man häufig wertvolle bemalte Tapeten (Hohenzieritz, Friedrichsmoor). Der Stilwandel vom »schweren« Barock zum »leichten« Rokoko zeigt sich in den zunehmend zierlicher und verspielter werdenden Formen der Stuckornamentik, der allgemeinen Neigung zu helleren Farbtönen und dem verstärkten Einsatz von Spiegeln. Die Ausgestaltung der Räume wurde in der Regel von ausländischen, also zumeist von italienischen (Rossewitz, Neustadt-Glewe, Mirow u.a.) oder von französischen Künstlern (Rostock, Dargun u.a.) übernommen.

Mit der Errichtung des ersten mecklenburgischen Baus, der künstlerisch und räumlich den Wettstreit mit den Versailler Nachfolgebauten aufnimmt, wurde erst 1772 in Ludwigslust, dem ehemaligen Kleinow, begonnen. Die kunsthistorische Klassifikation dieses sandsteinverkleideten Riesenbaus, der in nur vier Jahren von dem herzoglichen Hofbaumeister Johann Joachim Busch, einem gebürtigen Schweriner, geschaffen wurde, ist nicht unumstritten. Während in den Inventaren von einem »auffallend reinen, streng und edel gehaltenen Klassicismus« die Rede ist, wird das Schloß sonst zumeist als Bau des »klassizistischen Spätbarock« oder einfach als Bau des Übergangsstils bezeichnet. Wollte man das Ludwigsluster Schloß unbedingt in eine stilistische Schublade einsortieren, so böte sich am ehesten noch der zwischen Rokoko und Klassizismus stehende angelsächsisch beeinflußte Neopalladianismus (Adam-Style) an, dessen Formenkreis auch die wenig später entstandenen Schlösser in Wörlitz und Wilhelmshöhe zuzuordnen sind. In Mecklenburg bildete es in jedem Falle den grandiosen Schlußakkord dessen, was gemeinhin unter Barock zusammengefaßt wird, und leitete in vielerlei Hinsicht bereits zum aufkommenden Klassizismus über. Wenngleich der Anspruch des Baus noch ganz der eines Barockschlosses ist, die Grundform mit dem dominierenden Mitteltrakt, das Mezzaningeschoß oder die statuenbekrönte Attika durch Vorbilder wie die Würzburger Residenz inspiriert sein dürften, so ist an die Stelle barocker Verspieltheit doch insgesamt schon die geometrische Klarheit der kommenden Epoche getreten. Die blockhafte Kompaktheit des Baukörpers, die symmetrische Anordnung der ausschließlich rechteckigen Fenster mit ihren klassischen Segment- und Dreiecksgiebeln und die gleichförmige Gliederung durch überwiegend in ionische Kapitelle mündende Pilaster verleihen der Fassade eine klassizistische Strenge.

Im Gegensatz dazu dominiert im Inneren – zumindest in den während der ersten Bauphase eingerichteten Teilen – noch ein rein spätbarockes Interieur. Die reich gestalteten Räume im Erdgeschoß und im ersten Obergeschoß sind fast ausschließlich im Zopf- und Rokokostil gehalten, und der Goldene Saal ähnelt in der Wirkung ein wenig dem gleichfalls zweigeschossigen Steinernen Saal von Schloß Nymphenburg. Die Residenz in Ludwigslust ist zugleich ein Prototyp eines städtebaulichen Gesamtkunstwerks. Nach einem im Kern noch spätbarocken Konzept, dessen erster (allerdings unausgeführter) Entwurf bereits 1760 von Jean Laurent Legeay angefertigt wurde, entstanden innerhalb von drei Jahrzehnten nicht nur das Schloß und der dazugehörige Park – der größte in Mecklenburg –, sondern auch die überwiegend erhaltene Innenstadt mit der Schloßkirche und großen Teilen der Wohnhausbebauung. Seine bemerkenswerte Einheitlichkeit verdankt die Ludwigsluster Residenz der Tatsache, daß sie in der Hauptsache von nur zwei Architekten gestaltet wurde. Neben dem erwähnten Johann Joachim Busch war es vor allem Johann Georg Barca, dem die Stadt ihr Gepräge verdankt. Deutete sich der Bruch mit den Bautraditionen des Spätbarock mit den Architekturen Buschs zumindest an, so bildeten die zu Beginn des 19. Jahrhunderts entstandenen Schöpfungen Barcas bereits die Überleitung zum »reinen«, »archäologischen« Klassizismus.

Neustadt-Glewe. Im Jahre 1619 beauftragte Herzog Adolf Friedrich I. seinen Hofbaumeister Ghert Evert Piloot mit der Errichtung eines neuen Residenzschlosses in Neustadt-Glewe. Infolge der zunehmenden Verwicklung Mecklenburgs in die Wirrungen des Dreißigjährigen Krieges war diesem Projekt jedoch das gleiche Schicksal beschieden wie den Plänen für

Neustadt-Glewe, Neues Schloß.
Ehemaliger Speisesaal

40

Neustadt-Glewe, Neues Schloß.
Blick von Westen in den Ehrenhof

das Schweriner Schloß. Die Bauarbeiten stagnierten zusehends und kamen schließlich 1622 zum Erliegen. Zur Ausführung gelangte lediglich der größte Teil des Rohbaus. Die Fassaden- und die Innenraumgestaltung wurde erst ein knappes Jahrhundert später vervollständigt. 1711 übernahm zunächst Jacob Reutz und wenig später der in Altdorf bei Nürnberg geborene Leonhard Christoph Sturm, der erst kurz zuvor die Stelle des mecklenburgischen Baudirektors übernommen hatte, die Fortführung der Bauarbeiten. Beide waren auch am Bau der Schweriner Schelfkirche beteiligt. Der genaue Anteil, den die einzelnen Baumeister an der Entstehung des Schlosses hatten, ist heute, zumal auch die Pilootschen Entwürfe verlorengegangen sind, nicht mehr en détail nachvollziehbar. Sturm, der der Sohn eines Mathematik-, Physik- und Philosophieprofessors war, hatte sich vor allem einen Ruf durch seine Schriften zur Baukunst geschaffen. Da er die Arbeiten fast sechs Jahre bis kurz vor ihrer Vollendung beaufsichtigte und sich, als die herzoglichen Zahlungen immer wieder ins Stocken gerieten, sogar selbst finanziell engagierte, darf sein Beitrag jedoch zweifellos als der bedeutendere gelten. Für die künstlerische Gestaltung der Innenräume zeichneten die italienischen Stukkateure Guiseppe Mogia und Andrea Maini verantwortlich.

Das Neustädter Neue Schloß ist ein streng symmetrischer, zweigeschossiger Dreiflügelbau unter einem einheitlichen Mansarddach. Die Wandflächen sind durch eine den Bau fast vollständig umfassende Putzbänderung und ein die Geschosse scheidendes breites, profiliertes Kaffgesims gegliedert. Das Zentrum des kleinen Ehrenhofs bildet ein von dorischen Säulen gerahmter Mittelrisalit, der in einem flachen Dreiecksgiebel kulminiert. Die Seitenflügel sind auf der Hofseite durch separate, auf Treppenpodesten stehende Portale erreichbar, die ebenso wie die großen Sprossenfenster von Pilastern und Gesimsen eingerahmt werden. Das Dach ist durch eine Gaubenreihung gegliedert. Ein Blick auf die Sturmschen Planungszeichnungen zeigt, daß der ursprünglich projektierte Bauschmuck nur in reduzierter Form zur Ausführung gelangt ist. Die über dem Risaliten der Gartenfront vorgesehene Figurengruppe ist am bestehenden Bau ebensowenig zu finden wie die über dem Portikus des Cour d'honneur oder das weit ausladende Kranzgesims, das eine zierliche Balustrade tragen sollte.

Die Raumaufteilung ist gleichfalls von strenger Symmetrie geprägt. Das kleine Schlößchen besitzt insgesamt vier Treppen (je eine beiderseits der Eingangshalle und bei den Nebeneingängen). Während die originale Inneneinrichtung bereits bei einem Brand im Jahre 1726 verlorengegangen ist, haben sich die unvergleichlich aufwendigen Stuckarbeiten glücklicherweise fast vollständig erhalten. Jeder der zumeist bis zur Türhöhe eichenholzgetäfelten Räume besitzt seine eigene einzigartige Stuckdeckengestaltung mit teils barocken, teils noch manieristisch geprägten Motiven wie Masken, Fruchtgehängen, Porträtköpfen, vegetabilem Rankenwerk u.ä., die durch die plastische Reliefierung im Seitenlicht eindrucksvoll zur Wirkung kommen.

Jenseits der an der Ostseite vorbeifließenden Elde befindet sich ein kleiner, heute leider völlig verwilderter Park, der ehemals mit dem Schloß durch eine hölzerne Brücke (die wiederhergestellt werden soll) verbunden war. Nachdem das Gebäude bereits seit 1735 von der herzoglichen Familie nicht mehr bewohnt wurde, beherbergte es im Laufe der Jahrhunderte die unterschiedlichsten, meist behördlichen Einrichtungen. Das inzwischen baufällige Schloß soll nach einer durchgreifenden Restaurierung künftig als Hotel und Restaurationsbetrieb genutzt werden.

Rostock. Die mecklenburgischen Herzöge zögerten lange, bevor sie sich in der größten und wirtschaftlich bedeutendsten Stadt des Landes eine Dependance errichten ließen. Erst 1705 erwarb Adolf Friedrich II. ein ehemaliges Studentenheim der Rostocker Universität. Ein Jahr nach dem Amtsantritt seines Nachfolgers Karl Leopold (1713) begannen unter der Leitung des »mecklenburgischen Baudirektors« Leonhard Christoph Sturm die Umbauarbeiten zum herzoglichen Palais. Um 1750 wurde dieses im Osten um den sogenannten Saalbau erweitert, der nach Plänen des

Gärtners (Schweriner Schloßpark) und Architekten Jean Laurent Legeay entstand. Legeay stand später in preußischen Diensten und hatte maßgeblichen Anteil an der Entstehung der Hedwigskathedrale in Berlin und der Communs gegenüber dem Potsdamer Neuen Palais.

Das am Universitätsplatz gelegene Palais ist ein dreigeschossiges siebenachsiges Gebäude auf rechteckigem Grundriß. Die Fassaden zeigen den nüchtern akademischen Barockstil seines vor allem als Architekturtheoretiker hervorgetretenen Bauleiters Sturm. Die mit flachen Gesimsen und Pilastern gerahmten Kreuzstockfenster sind, abgesehen von dem schlichten eingeschossigen Portikus, das einzige Gliederungselement der weiß verputzten Fassadenfläche. Die Gebäudekanten sind durch einen schmalen Rustikastreifen betont. Das niedrige Walmdach ruht auf einem gestuften Kranzgesims. Der Portikus trägt einen Balkon mit einer feinziselierten schmiedeeisernen Brüstung. Bemerkenswert ist neben den heute als Durchgang zum Festsaal dienenden, originalgetreu erhaltenen Räumen im ersten Obergeschoß vor allem eine der 1714 entstandenen Stuckdecken im zweiten Obergeschoß, an der man neben Vegetabilem auch plastisch modellierte Putten, Tiere, Büsten, Blumenvasen u.ä. erkennt.

Die lebhaft gegliederte Fassade des angrenzenden Saalbaus kontrastiert deutlich mit der spröden Gestaltung des Palais. Die Übereinstimmungen

Rostock, Palais.
Ansicht des Saalbaus von Südwesten

43

Rostock, Palais.
Festsaal nach Nordosten

mit dem letzteren erschöpfen sich in der siebenachsigen Gliederung, der Grundrißform und der Dachgestaltung. In den reich gegliederten großen Rundbogenfenstern, dem von volutenförmigen Stützen getragenen Balkon und den gestuften Gesimsen zeigen sich die Formen des Rokoko. Ein die Erscheinung des heutigen Baus wesentlich prägendes Element, die Durchfahrt zur Schwaanschen Straße, ist eine Ergänzung aus dem Jahre 1910. Ihre Einfügung hatte auch die Versetzung des ehemals zentral gelegenen Portals an seine heutige Position zur Folge. Am Ostende des Gebäudes befindet sich ein Treppenturm, der mit einer oktogonalen Haube kulminiert. Im Inneren beeindruckt der im Obergeschoß gelegene sogenannte Barocksaal, der zuletzt in den achtziger Jahren sorgfältig restauriert wurde und heute den glanzvollen Rahmen für kulturelle Veranstaltungen bildet. Der spiegelgewölbte, verschwenderisch ausgestattete Raum steht stilistisch zwischen Rokoko und Zopf. An den Wänden sind runde Ölporträts von Mitgliedern der herzoglichen Familie angebracht. Diese werden von filigranem Stuckblattwerk gerahmt, dessen Formen von freihängenden geschnitzten Holzgirlanden über die Fenster hinweg fortgesetzt werden. Von der Decke hängen fünf prachtvolle Kronleuchter.

Fürstenberg. Die südlichste Residenzstadt im ehemaligen Herzogtum Mecklenburg-Strelitz gehört heute, nachdem sie bereits zu DDR-Zeiten dem Kreis Potsdam zugeschlagen wurde, zum Bundesland Brandenburg.

44

1741 erhielt Christoph Julius Löwe, der Hofarchitekt Adolf Friedrichs III. (Neustrelitz, Mirow), den Auftrag, für Dorothea Sophia, die Gemahlin des Herzogs, als späteren Witwensitz ein Residenzschloß zu errichten. Vollendet wurde es nach etlichen Bauunterbrechungen und Umgestaltungen erst elf Jahre später. Der heutigen Putzverkleidung ist unschwer anzusehen, daß sie nicht der Entstehungszeit des Schlosses entstammt. Sie wurde erst 1913 von Hermann Brandes geschaffen, als das Schloß zum Krankenhaus umgebaut wurde, eine Funktion, die es auch während der DDR-Zeit behielt. Heute dient es als Altenpflegeheim.

Das unmittelbar an der B 96 am nördlichen Stadtrand gelegene Fürstenberger Schloß ist ein zweigeschossiger Dreiflügelbau, der ursprünglich große Ähnlichkeit mit dem ehemaligen Neustrelitzer Schloß besessen haben dürfte. Bei der Neugestaltung erhielt es nicht nur seine Stuckfassaden, sondern auch die teils mit Voluten und Ochsenaugen geschmückten Giebel, die das frühere Walmdach zum Satteldach machten. Auf der Giebelfläche des Mittelrisalites im Ehrenhof erkennt man noch heute das mecklenburgische Wappen. In der überreichen, aus Pilastern mit korinthischen Kapitellen und phantasievollem vegetabilem Dekor bestehenden Neorokoko-Stuckierung zeigt sich hier die zweifellos ästhetische, wenngleich längst anachronistische spätwilhelminische Prunkarchitektur unmittelbar vor dem Ausbruch des ersten Weltkrieges. Im ersten Oberge-

Fürstenberg, Schloß.
Blick in den Ehrenhof von Südosten

45

Mirow, Torhaus. Ansicht von Osten

schoß hat sich, eingerahmt von nüchternen Krankenhausräumen und -gängen, überraschenderweise der große Saal im Mitteltrakt (heute Aufenthaltsraum) im Originalzustand erhalten. Der in blassen grünen und rosa Tönen gehaltene Raum ist mit zwei Kaminen und verschwenderischer Stuckornamentik ausgestattet.

Mirow. Abseits der großen Fernstraßen, etwa zehn Kilometer südöstlich der Müritz im Herzen der mecklenburgischen Seenplatte, befindet sich die zweitgrößte Residenz der Herzöge von Mecklenburg-Strelitz. Die wechselvolle Geschichte hinterließ in Mirow eine Architekturkollektion mit Bauten aus allen Stilepochen vom Spätmittelalter bis zum Rokoko. Die Johanniter, ein 1050 in Jerusalem gegründeter geistlicher Ritterorden, errichteten 1227 auf einer Halbinsel am Nordende des Mirower Sees eine Niederlassung. Im Jahre 1587 ging diese mitsamt der dazugehörenden Saalkirche aus dem 14. Jahrhundert in den Besitz der mecklenburgischen Herzöge über und wurde von den letzteren in der Folge in eine Festung umgewandelt. Das Torhaus von 1588 am Eingang zum heutigen Schloßpark ist ein Überbleibsel aus diesem Zeitabschnitt.

Das ehemalige Komturhaus wurde 1742 durch einen Blitzschlag eingeäschert. Nachdem Herzog Karl I. die Regentschaft angetreten hatte, erfolgte der Baubeginn des neuen Residenzschlosses. Von 1749 bis 1752 entstand unter der Leitung des Architekten Christoph Julius Löwe ein Fachwerkbau, der den Kern des bestehenden Schlosses bildet. Löwe war

Mirow, Schloß. Ansicht von Osten

Mirow, Ehemalige Johanniterkirche.
Ansicht von Südosten

zuvor schon mit der Errichtung der Schlösser in Neustrelitz und Fürstenberg betraut worden. Wie die meisten Löwe-Bauten hat sich auch das
Mirower Schloß, da Karls Nachfolger Adolf Friedrich IV. es von 1753 bis 1760
(zeitgleich mit dem Neustrelitzer Schloß) mit massivem Backsteinmauer-
werk ummanteln ließ, nicht in seinem ursprünglichen Zustand erhalten.

Das Schloß ist ein dreigeschossiger Bau auf H-förmigem Grundriß. Der
aus dem Gebäudekorpus herausragende Mitteltrakt des Hauptflügels ist
beiderseits zu Mittelrisaliten ausgebildet und mit geschnitzten Eichen-
portalen ausgestattet. Der Bau ist durch eine vergleichsweise flache Putzquaderung gegliedert. Obschon die Inneneinrichtung durch die Wirren
des zweiten Weltkrieges und die nachfolgende Nutzung als Landesalters-
heim weitgehend verlorengegangen ist, hat der wertvolle Wandschmuck
die Zeiten überdauert. Neben kunstvoll bemalten Seidentapeten findet
man figürliche Schnitzereien und eine überreiche Ausstattung mit halb-
und vollplastischen Stuckverzierungen, bestehend aus Putten, Tierdarstel-
lungen, Voluten und zeitgenössischem vegetabilem Dekor.

Das zweigeschossige, von 1756 bis 1758 errichtete Kavaliers- und
Küchengebäude liegt vis-à-vis westlich der oval gewundenen Auffahrt. Es

hat etwa die gleiche Länge wie das Schloß, besteht aber nur aus einem Flügel mit einem dem Schloß zugewandten Mittelrisaliten unter einem steilen Mansarddach. Die Rustifizierung ist ähnlich der des Schlosses, aber einfacher. Eine auffällige Gemeinsamkeit ist das Ochsenauge im Dreiecksgiebel des Mittelrisaliten. Neben dem Mittelportal besitzt es noch zwei seitliche Zugänge.

Die ehemalige Johanniterkirche wurde seit der Übernahme durch die mecklenburgischen Herzöge als Hofkirche genutzt. Seit dem frühen 19. Jahrhundert dient sie außerdem als Grablege der Herzöge von Mecklenburg-Strelitz. Die großherzogliche Gruft wurde von 1821 bis 1822 an ihrer Nordseite angebaut. Sie ist eine stattliche, siebenjochige Saalkirche mit dreiseitigem Chor. Ihren Westturm mit der auf einem oktogonalen Zwischengeschoß ruhenden kupferverkleideten Barocklaterne erhielt sie 1742. Die von 1742 bis 1744 entstandene reiche Barockausstattung der Kirche ging bei dem Brand im Jahre 1945 vollständig verloren. 1951 wurde der Innenraum in stark vereinfachter Form wiederhergestellt, und 1993 erfolgte die Wiederaufrichtung des Turmhelmes.

Dem Torhaus am Eingang zum Residenzgelände ist deutlich anzusehen, daß Mirow vor dem »Hamburger Vergleich« zum Herzogtum Mecklenburg-Güstrow gehörte. Es weist unverkennbar die gleiche markante Rustifizierung auf, die man auch an den etwa zeitgleich entstandenen Residenzschlössern in Güstrow und Dargun findet. Wie die letzteren ist auch das Mirower Torhaus ein verputzter Backsteinbau, der die Natursteinquaderung italienischer und französischer Renaissanceschlösser nur vortäuscht. Das Walmdach entstammt dem 18. Jahrhundert. Über der Durchfahrt ist das mecklenburgische Landeswappen angebracht. Die Innenräume des heute als Wohnhaus genutzten Gebäudes sind z.T. noch kreuzgratgewölbt.

Südlich des Torhauses liegt das sogenannte Untere Schloß. Der mehrfach umgestaltete Bau wurde 1735 anläßlich der Vermählung von Prinz Karl von Mecklenburg-Strelitz (mit Elisabeth Albertine von Sachsen-Hildburghausen) gleichfalls zunächst in Fachwerkbauweise errichtet. 1765 erfolgte die Umgestaltung zum Putzbau, und 1841 erhielten der Mittelrisalit und das Dach ihre heutige Gestalt. Das Untere Schloß wird seit dem 19. Jahrhundert als Schule genutzt.

Der zur Residenz gehörende englische Landschaftspark entstand im frühen 20. Jahrhundert während der Regentschaft des letzten Großherzogs von Mecklenburg-Strelitz, Adolf Friedrich VI. Dieser erhielt nach seinem Selbstmord im Jahre 1918 ein Grabmal auf der zum Park gehörenden sogenannten Liebesinsel im Mirower See. Dieses kleine, über eine romantische Jugendstilbrücke mit verzierten Muschelkalkpfeilern und gußeisernen Geländern erreichbare Eiland bildet den landschaftlichen

Höhepunkt des Areals und eröffnet außerordentlich reizvolle Blicke auf den Mirower See.

Obschon man in Mirow die innere Stimmigkeit sorgfältig geplanter Anlagen, wie man sie etwa in Ludwigslust findet, vermißt, so entbehrt die pittoreske Zusammenstellung von Architektur aus vier Jahrhunderten angesichts der Wirkung ihrer Einzelelemente und ihrer separierten Einbettung in die schöne Umgebung durchaus nicht des Reizes. Das Ensemble hat den Krieg und die nachfolgende Zweckentfremdung während der DDR-Zeit zwar in restaurierungsbedürftigem, aber insgesamt doch glücklicherweise intaktem Zustand überstanden. Die Arbeiten sind seit 1984 im Gange und werden voraussichtlich noch einige Jahre andauern.

Hohenzieritz. Die Residenzanlage von Hohenzieritz ist, ungeachtet ihres vergleichsweise guten Erhaltungszustandes, ihrer reizvollen aussichtsreichen Lage oberhalb des Tollensetals und der guten verkehrstechnischen Anbindung nur fünf Kilometer von der B 96 zwischen Neustrelitz und Neubrandenburg, touristisch noch weitgehend ein Geheimtip. Eine gewisse Bekanntheit erlangte das Schloß durch die Tatsache, daß Königin Luise, die Gemahlin Friedrich Wilhelms III. von Preußen, hier im Jahre 1810 verstarb. Hohenzieritz wurde erst sekundär zur Residenz der Herzöge von Mecklenburg-Strelitz. Erbaut wurde es ursprünglich zwischen 1746 und 1751 auf den Fundamenten eines nicht überlieferten Vorgängerbaus, der 1712 einem Brand zum Opfer fiel, als Herrenhaus für den Landadligen

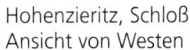

Hohenzieritz, Schloß.
Ansicht von Westen

Hohenzieritz, Luisentempel.
Blick von Süden auf
Tempel, Park und Schloß

Johann Christian von Fabian. Erst nach dessen Tod im Jahre 1753 gelangte es in herzoglichen Besitz. 1776 entstanden die das Schloß beiderseits flankierenden Kavaliershäuser, durch die die Auffahrt zu einem Ehrenhof aufgewertet wurde. Die Pläne dafür stammen von dem herzoglichen Leibarzt Verpoorten. Das Schloß verdankt sein heutiges Erscheinungsbild wesentlich den Umbauarbeiten, die der Forstingenieur Dräseke 1790 im Auftrag Herzog Adolf Friedrichs IV. durchführte. Die beiden Freitreppen wurden jedoch erst 1802 hinzugefügt. Etwa 150 Meter westlich des Schlosses befindet sich inmitten einer kleinen Baumgruppe die 1806 von Friedrich Wilhelm Dunkelberg errichtete Schloßkirche. Die letzte erwähnenswerte Bauaktivität in Hohenzieritz war 1815 die Errichtung des Luisentempels im Schloßpark nach Plänen von Christian Philipp Wolff, einem Hofbaumeister Karls II. (der auch das Neustrelitzer Schloß neugestaltete). Auf dem sich zur Tollense hin neigenden Areal östlich des Schlosses befindet sich heute der zwischenzeitlich leider etwas verwilderte, von dem englischen Landschaftsgärtner Thomson geschaffene großzügige Park, der seit 1790 den ursprünglichen Barockgarten ersetzt.

Das Hohenzieritzer Schloß ist ein ausgewogen proportionierter Bau, der stilistisch dem Zopfstil zuzuordnen ist. Burmeister nannte den verputzten Backsteinbau eine der stimmungsvollsten Schöpfungen des Frühklassizismus. Das Schloß ist ein einflügeliges Gebäude, bestehend aus Souterrain, Hochparterre, Obergeschoß und flachem Walmdach, das durch Kolossalpilaster in 13 Achsen geteilt ist. Typisch für die Zopfzeit sind die Girlanden

Friedrichsmoor, Jagdschloß.
Blick von Norden in den Ehrenhof

Friedrichsmoor, Jagdschloß.
Ausschnitt aus der Bildtapete
»Die Jagd von Compiègne«

in den ionischen Kapitellen. Der Souterrain-Bereich ist durch Putzrustifizierung gegliedert. Die Mittelrisalite, deren Zugänge jeweils über Freitreppen erreichbar sind, schließen beiderseits in wappengeschmückten Dreiecksgiebeln. Von diesen ist besonders der östliche mit dem plastisch aufgeputzten mecklenburgischen Landeswappen (mit gekreuzten Kanonen) hervorzuheben. Der heutige, aus den sechziger Jahren stammende graubraune Kratzputz läßt das Schloß etwas unscheinbar wirken – auf Vorkriegsfotos sieht man den Bau wesentlich heller seine Umgebung überstrahlen. Von der einstmals reichen Innenraumgestaltung haben sich nur Reste der kunstvoll bemalten Tapeten erhalten, das wertvolle Barock- und Empiremobiliar ging 1945 verloren. Das Schloß wird seit Kriegsende durch eine Forschungsanstalt genutzt und ist nicht öffentlich zugänglich.

Die kleine Schloßkirche, von der eine über dem Portal angebrachte Inschrift verrät, daß sie von Carl, Herzog zu Mecklenburg, für die öffentliche Gottesverehrung gestiftet wurde, ist ein kleiner, weiß verputzter Rundbau mit ziegelgedeckter Kuppel. Der dorische Portikus mit dem Porträtmedaillon Karls II. im Dreiecksgiebel weist sie als Bau des aufkommenden Frühklassizismus aus. Das Kirchengeläut befindet sich abseits der Kirche an einem freistehenden Glockenstuhl. Das Innere ist wie bei den meisten zeitgenössischen protestantischen Kirchen durch eine umlaufende Holzempore geprägt. Das Altargemälde ist eine Kopie nach Guido Reni. In der Kirche findet man auch die Marmorbüste der Königin Luise, die früher im Luisentempel aufgestellt war. Der Luisentempel steht ungefähr 100 Meter südlich des Schlosses am Rande des Parks. Er ist ein Monopteros im dorischen Stil mit einem kupferverkleideten Kuppeldach.

Friedrichsmoor. Herzog Friedrich von Mecklenburg-Schwerin ließ das Jagdschloß um 1780 in der wald- und wildreichen Umgebung etwa zehn Kilometer nördlich von Neustadt-Glewe aufführen. Der Name des Baumeisters ist ebensowenig überliefert wie das genaue Entstehungsjahr. Angesichts der Übereinstimmung mit den nur wenig später entstandenen Doberaner Fachwerkbauten geht man aber davon aus, daß die Entwürfe möglicherweise von dem herzoglichen Baumeister Johann Heinrich von Seydewitz stammen. In den Innenräumen des Schlosses war zu DDR-Zeiten eine Außenstelle des Instituts für Agrarwissenschaft der Universität Rostock untergebracht – heute dient es als Hotel und Gastronomiebetrieb.

Schloß Friedrichsmoor ist ein eingeschossiger, dreiflügeliger Fachwerkbau, dessen beiderseits mit Rundgiebeln geschmückter Mitteltrakt mit einem Krüppelwalmdach gedeckt ist, während die Seitenflügel über separate Walmdächer verfügen. Es ist eines der wenigen Schlösser in Mecklenburg, dessen Fachwerkfassaden – anders als etwa in Mirow oder Neustrelitz – nicht unter nachträglich angefügten Putzwänden verschwanden.

Verdanken tut es dies wohl seiner abgeschiedenen, wenig repräsentationstauglichen, dafür aber um so reizvolleren Lage. Im Inneren befindet sich die Bildtapete »Die Jagd von Compiègne«, die ehemals zum Inventar von Schloß Friedrichsthal bei Schwerin gehörte, nach dessen Umgestaltung zum Altersheim 1964 jedoch hierher übergeführt wurde.

Ludwigslust. Während der Strelitzer Landesteil bereits ab 1726 eine großzügig geplante Residenzstadt erhalten hatte, bewohnten die Schweriner Herzöge bis in die zweite Hälfte des 18. Jahrhunderts hinein zumeist das mittlerweile als räumlich unzureichend und künstlerisch anachronistisch empfundene Renaissanceschloß auf der Schweriner Schloßinsel.

Ludwigslust, Schloß.
Gesamtansicht von Süden

Ludwigslust, Schloß.
Gartenseite von Nordwesten

Obschon bereits Herzog Christian Ludwig II. die seinerzeit noch als Kleinow in den Karten verzeichnete Ortschaft als Standort für ein 1731 von Johann Friedrich Künneke (dem Baumeister des Schlosses von Bothmer) errichtetes »Lustschloß« auserkoren und mit der Grabung eines 28 Kilometer langen Stichkanals zwischen der Stör und der Rögnitz eine wesentliche Voraussetzung für die spätere Parkgestaltung geschaffen hatte, blieb es seinem Sohn und Nachfolger Friedrich vorbehalten, das dem Vater zu Ehren in Ludwigslust umbenannte Dorf zu dem ausgestalten zu lassen, was es heute ist. Konnte er seine Pläne, da er sich während des Siebenjährigen Krieges vornehmlich im Lübecker Exil aufhielt, zunächst nur in bescheidenem Umfang verwirklichen, so änderte sich dies nach dem Ende des Krieges.

Bereits 1760 wurde unter der Leitung von Johann Joachim Busch, dem Hauptbaumeister der Ludwigsluster Residenz, mit dem Bau der ersten Wohnhäuser am Bassinplatz begonnen. Den eigentlichen Auftakt zu einer Neugestaltung des Areals bildete jedoch erst die in den Jahren von 1765 bis 1770 gleichfalls nach Plänen von Johann Joachim Busch erfolgte Errichtung der Schloßkirche. Zwei Jahre nach deren Fertigstellung begann Johann Joachim Busch mit dem Abriß des fachwerkgefertigten herzoglichen Jagdhauses und den sich zunächst über vier Jahre erstreckenden Arbeiten an dessen monumentalem Nachfolgebau, der zum Bezugspunkt der wichtigsten städtebaulichen Achse wurde. Der äußere

Ludwigslust, Wohnhäuser am Bassinplatz. Ansicht von Nordwesten

Bauschmuck des Schlosses, als dessen bemerkenswerteste Komponente die 40 Sandsteinstatuen auf der Attika hervorzuheben sind, stammt aus der Werkstatt des böhmischen Bildhauers Rudolf Kaplunger. Kaplunger ist u.a. auch der Schöpfer der Schloßkaskade und ihres plastischen Schmucks, die seit 1775 den hölzernen Vorgänger ersetzt, sowie der »Steinernen Brücke« über dem künstlichen Wasserfall von 1780. Die Innenräume des Schlosses sind nur zum Teil während der Regentschaft Herzog Friedrichs eingerichtet worden; die Obergeschosse verdanken ihre Gestaltung zum großen Teil der Zeit zwischen 1810 und 1830. Die von Busch ursprünglich geplanten Schloßseitenflügel, die zu den Kaskaden hin einen Ehrenhof umfassen sollten, kamen nicht mehr zur Ausführung. Die Seitenflügel des Vorgängerbaus wurden erst im 19. Jahrhundert abgetragen. Seit der zweiten Hälfte der siebziger Jahre begann Busch, sich im Umfeld des Schlosses wieder verstärkt dem Wohnhausbau zuzuwenden. Bis 1784 war die Bebauung am Bassinplatz, an der Schloßstraße und dem heutigen Alexandrinenplatz im wesentlichen vollendet. Nach dem Tod Herzog Friedrichs (1785) wurden im Park noch einige weitere Baulichkeiten nach Entwürfen von Busch errichtet. Hervorzuheben sind die Grotte (1788) und das Schweizerhaus (1789). 1785 wurde im Park ein von Kaplunger geschaffenes Denkmal für Herzog Friedrich aufgestellt. Nachfolger des 1796 pensionierten und 1802 verstorbenen Busch wurde Johann Georg Barca, der in der Folge die Pläne für fast alle maßgeblichen Neubauten des Schloß-

54

bezirks und des Innenstadtbereichs lieferte. Von seinen stilistisch ähnlichen, jedoch zunehmend zum Klassizistischen gewendeten Bauten sind vor allem die Wohnhäuser entlang der Schweriner Straße (1809–26), das Mausoleum für Herzogin Luise, das Spritzenhaus (1814), der Glockenturm der katholischen Kirche (1818) und der Marstall (1821) einer Erwähnung wert. Auch die Gestaltung des oberen Schloßgeschosses geht auf Barcas Entwürfe zurück. Die einzigen bedeutenden Ludwigsluster Bauten, die nicht von Busch oder Barca geplant wurden, sind die katholische Kirche St. Helena (1803–09) von dem auch in Bad Doberan tätigen Johann Heinrich von Seydewitz und das 1806 erbaute Mausoleum für die Erbprinzessin Helene Paulowna von dem Lübecker Johann Christian Lillie. Mit dem Ableben von Großherzog Friedrich Franz I. (1837) verlor Ludwigslust die glanzvolle Stellung, die es nur wenig mehr als ein halbes Jahrhundert innehatte. Sein Nachfolger Paul Friedrich ließ das politische Zentrum des Landes wieder nach Schwerin verlegen und nutzte das Schloß nur noch als Sommerresidenz. Die letzte größere Veränderung auf dem Ludwigsluster Areal war die 1852–60 erfolgte Umgestaltung des westlichen Teils des barocken Schloßgartens zu einem englischen Landschaftspark – dem mit Abstand größten in Mecklenburg – durch Peter Joseph Lenné.

Das Ludwigsluster Schloß ist ein siebzehnachsiger Monumentalbau auf E-förmigem Grundriß. Die beiden schmalen Seitenflügel ragen ebenso wie der deutlich überhöhte Mittelteil des Haupttraktes in den Park hinein und sind auf der Stadtseite zu flachen Risaliten ausgebildet. Während der Mit-

Ludwigslust, Schloßkaskade.
Ansicht von Nordwesten

telbau sich über vier etwa gleichhohe Geschosse erstreckt, befindet sich in den Seitenflügeln über dem zweiten Obergeschoß jeweils ein Mezzanin. Dem Mittelrisaliten wurde auf der Stadtseite nachträglich die einen Altan tragende zweigeschossige Vorhalle angefügt. Das Ludwigsluster Schloß ist im Kern ein Backsteinbau, dem die aus Elbsandstein bestehende Fassade nur vorgeblendet wurde. Sein für mecklenburgische Verhältnisse ungewöhnlich einheitliches und harmonisches Erscheinungsbild verdankt das Schloß der kurzen Bauzeit und der Urheberschaft nur eines Architekten. Auf die Frage nach seiner stilistischen Klassifizierung, die sich jedem Besucher unwillkürlich stellt, kann es, wie bei allen Übergangsbauten, allenfalls unbefriedigende Antworten geben. Der am ehesten mit Begriffen wie barockklassizistisch oder neopalladianisch zu beschreibende Bau steht in vielerlei Hinsicht zwischen den Stilepochen. Während er durch seine hervorgehobene Lage und seine effektvolle Massengliederung noch mit dem Repräsentationsanspruch eines Barock- oder Rokokoschlosses auftrumpft, lassen sich seine vergleichsweise kantigen Formen und die streng geometrische Kolossalordnung, die nichts mehr von der Weichheit und Verspieltheit des Rokoko haben, unschwer als Vorboten des aufkommenden Frühklassizismus deuten. Neben überwiegend antikisierendem Dekor findet man jedoch stellenweise auch die typischen Zierformen der Zopfzeit wie etwa die Girlanden, die korinthischen Pilasterkapitelle und die Fensterrahmungen des Mittelbaus. Die aus Elbsandstein gefertigten Statuen

Ludwigslust, Schloß. Empirezimmer im Westflügel

Ludwigslust, Schloß.
»Goldener Saal« nach Südosten

und Schmuckvasen über der Attika sind ein häufig bei Rokokoschlössern (Würzburger Residenz, Bayreuther Neues Schloß, Potsdamer Neues Palais u.v.a.) anzutreffendes Architekturmotiv und tragen neben der unverputzten Außenhaut des Gebäudes vielleicht die Hauptverantwortung für die Ähnlichkeit mit sächsischen oder fränkischen Rokokobauten.

Im Inneren des Baus, das in großenteils hervorragendem Zustand noch die ursprüngliche Gestaltung aufweist, regieren mit Ausnahme der von Barca im Biedermeier- und Empirestil neugestalteten »Wohnräume« im

57

Westflügel des ersten und im zweiten Obergeschoß überraschenderweise nach wie vor überwiegend Zopf und Rokoko. Von besonderer Wirkung ist der größte Raum des Gebäudes, der doppelgeschossige 300 Quadratmeter große »Goldene Saal«, der mit seinem verschwenderischen Reichtum von Kristallüstern, korinthischen Säulen, Schmuckfriesen, Intarsienböden etc. jedem Vergleich mit den Prachtsälen der großen europäischen Barockschlösser standhält. Die blattgoldbeschlagene Stuckornamentik zeigt neben der Girlande allerorten gleichberechtigt auch die Rocaille. Auch die im Osten angrenzenden Räume sind in ähnlichem Stil gehalten und besitzen noch das originale, großenteils aus Ludwigsluster Werkstätten stammende Mobiliar. Im westlichen Trakt sowie im bisher nicht restaurierten zweiten Obergeschoß dominiert das Empire. Im Erdgeschoß ist neben dem mit Jagdtrophäen geschmückten gründerzeitlichen Gartensaal, der heute das Schloßcafé beherbergt, noch die durch toskanische Säulen gegliederte quergelagerte Eingangshalle bemerkenswert. Von den teils nur 10 oder 20 Jahre älteren Rokokovestibülen, wie man sie etwa in Brühl, Passau oder Würzburg findet, unterscheidet sich das weißgetünchte letztere jedoch schon durch die Tatsache, daß die beiden Treppenhäuser außerhalb der Sichtachse an den seitlichen Schmalseiten plaziert sind. Eine erstaunliche und vielbelächelte Kuriosität sind die zahlreichen aus Pappmaché gefertigten bauplastischen Details im Schloß und in der Schloßkirche. Sie belegen ebenso wie die aus Gips gefertigten Säulen im Goldenen Saal, daß man ungeachtet des Aufwandes, den man mit der Sandsteinverkleidung betrieb, offenbar nur über ein begrenztes Budget verfügte und daher bestrebt war, am Baumaterial zu sparen. Da sich die Produkte der speziell für die Ausschmückung der Ludwigsluster Bauten gegründeten und von dem Hofbildhauer Sievert geleiteten »Karton-Fabrik« in der Schloßstraße (in der sich heute das Ludwigsluster Rathaus befindet) jedoch nicht – wie erhofft – Exportschlager entwickelten, blieben die hier entstandenen Pappmaché-Statuen, -Vasen, -Kerzenleuchter, -Leisten, -Konsolen, -Wandverkleidungen etc. eine eigentümliche Besonderheit der Ludwigsluster Residenz.

Gegenüber der Südostseite des Schlosses öffnet sich im Randbereich zwischen Stadt und Schloßpark die aus Schloßplatz, Kaskade, Bassin und Kirchplatz bestehende, ca. 500 Meter lange Hauptsichtachse der Ludwigsluster Residenz. Die Attraktion dieses Areals ist die Kaskade mit den von Kaplunger geschaffenen Statuen. In ihrem zentralen Teil, der seine Existenz dem Höhengefälle zwischen Rögnitz und Stör verdankt, befinden sich zwei »Flußgötter«, die jeweils mit der einen Hand das zwischen ihnen befindliche mecklenburgische Wappen und mit der anderen einen Krug, der entweder mit Rögnitz oder mit Stör beschriftet ist, umfassen. Eingerahmt wird die Kaskade beiderseits jeweils von kleinen Gruppen im Schilf

Ludwigslust, Schloßkirche.
Ansicht von Westen

spielender Putten. Sie wird gespeist von dem sich im Süden anschließenden sogenannten Bassin – einem Wasserreservoire, das das Herzstück der
Ludwigsluster Kanalsystems bildet.

Auch die die Sichtachse im Süden beschließende Schloßkirche konfron-
tiert den Betrachter mit dem Problem der stilistischen Einordnung. Während die querrechteckige, die Abmessungen des nur etwa die halbe Breite

Ludwigslust, Luisenmausoleum.
Ansicht von Süden

Ludwigslust, Mausoleum für Helene
Paulowna. Ansicht von Westen

einnehmenden Baus geschickt verschleiernde Schaufront mit ihrem von dorisch-toskanischen Säulen getragenen Dreiecksgiebel wie ein stilisierter antiker Tempel erscheint, erinnert das mansarddachgedeckte Kirchenschiff mit seinen Rundfenstern und Ochsenaugen zwischen den Strebepfeilern eher an Rokokobauten aus dem süddeutschen Raum. Auch die vier von Johann Eckstein aus Elbsandstein geschaffenen Evangelistenfiguren über der Hauptfassade zeigen, daß man es wiederum mit einem Bau aus der antikisierenden Phase des ausklingenden Spätbarock zu tun hat. Im Kircheninneren deutet sich ebenfalls in etlichen Details bereits der aufkommende Klassizismus an. Zwar sind viele Elemente des Bauschmucks wie die Hofloge oder die Girlanden am Gebälk noch unverkennbar dem Zopf zuzuordnen, doch weisen beispielsweise das gemalte kassettierte Tonnengewölbe und die dorisch-toskanischen Säulen bereits in die kommende Stilepoche. Die auffälligste Besonderheit der Kirche ist das kulissenartig vor der Kuppelwölbung der Apsis stehende, 1772–1803 von Dietrich Findorff und Johann Suhrland auf Ludwigsluster Karton gemalte Altargemälde, das die Anbetung der Hirten darstellt. Unter dem Altarpodest befindet sich die fürstliche Gruft. Der größte Teil der bauplastischen Ausstattung entstand wiederum in der Kartonfabrik – selbst der von der Herzogsloge herabhängende, kunstvoll drapierte Vorhang besteht nicht etwa aus Stoff, sondern aus Pappmaché.

Die Achse wird beiderseits von den von Busch geschaffenen Wohnhäusern flankiert. Die ältesten, noch fachwerkgefertigten Häuser befinden sich am Kirchplatz. Die jüngeren, je nach dem Rang ihrer Bewohner teils ein-, teils zweigeschossigen walmdachgedeckten Häuser entlang des Bassinplatzes bestehen aus unverputztem Backstein. Die Fassaden sind durch aufgemauerte, gestufte Pilaster und Gesimse gegliedert, und die überwiegend rechteckigen, teils aber auch rund schließenden Fenster sind von einer Sohlbank und einem Gesims gerahmt. Auch die in ähnlichem Stil gehaltene Bebauung der vom Schloßplatz nach Westen führenden Schloßstraße wurde nach Entwürfen von Busch errichtet. Nördlich des Alexandrinenplatzes schließt sich die nach Plänen von Barca geschaffene Stadterweiterung an. Von den Bauten entlang der Schloßachse sind die hier zu findenden, schon rein klassizistischen Wohnhäuser vor allem durch ihre reihenhausartige Anordnung und ihren Fassadenputz unterschieden. Auch bei den übrigen Schöpfungen Barcas wie dem Spritzenhaus, dem Mausoleum für Herzogin Luise und dem Marstall handelt es sich um Putzbauten, bei denen barocke Einflüsse nicht mehr erkennbar sind.

Der einzige zum Areal der Ludwigsluster Residenz gehörende Bau, der sich nicht in diese antikisierende Richtung fügt, ist die romantisch im Schloßpark auf einer Insel im »Kirchenteich« gelegene, von Seydewitz errichtete katholische Kirche. Da die kleine Backsteinhalle als frühestes Werk

Ludwigslust, Katholische Kirche St. Helena.
Blick über den
Kirchenteich nach Südosten

der Neugotik in Mecklenburg und zugleich als eines der ersten in Norddeutschland gilt (sie wurde bereits ein Jahr vor der Wörlitzer Kirche geweiht), war sie für die Kunsthistoriker stets von besonderem Interesse. Schlie spricht in den Inventaren von »einer Art wilder Gothik aus der Periode der beginnenden Romantik«, räumt aber andererseits auch ein, »man nehme dennoch mit Verwunderung wahr, wie nahe der Erfinder in der inneren und äußeren Gesammtwirkung an die verlorenen und nicht richtig verstandenen Ideale der echten Gothik wieder herangekommen ist«.

Wenngleich die ursprüngliche Parkanlage von Peter Joseph Lenné fast vollständig neugestaltet wurde, haben sich mit den zahlreichen Alleen und Kanälen zumindest die einzigartigen Kernstücke der spätbarocken Gestaltung erhalten. Der greise Lenné hatte es mit soviel Geschick verstanden, die alten Teile in seinen Landschaftspark zu integrieren, daß es dem heutigen Betrachter beinahe so scheint, als sei das 13,5 Quadratkilometer große Gelände von vornherein so konzipiert gewesen. Die Hauptattraktion des Parks ist das nach Nordwesten führende, an der von Kaplunger über einer ca. eineinhalb Meter hohen Kaskade erbauten »Steinernen Brücke« beginnende Teilstück des Ludwigsluster Kanals. Auf einer ca. 1,3 Kilometer langen Strecke stürzt der künstliche Wasserlauf über etliche kleinere und größere Schwellen und Kaskaden, erweitert sich mehrfach zu größeren Bassins, verengt sich wieder und sammelt sich schließlich am »Großen Stern« in einem runden Becken, wo er bei genügendem Wasserdruck ein Fontänensystem (die »24 Sprünge«) nährt.

Die Besonderheit der Ludwigsluster Residenz besteht neben der künstlerischen Qualität ihrer Einzelbauten in der einzigartigen Harmonie ihrer Gesamterscheinung. Wie in vielen vergleichbaren historischen Städten, die vornehmlich Bauten einer bestimmten Epoche aufweisen, resultiert dies auch in Ludwigslust daraus, daß die Stadt nach nur kurzer Glanzzeit wieder in die Bedeutungslosigkeit versank. Die Rückverlegung der Hauptresidenz der Großherzöge von Mecklenburg-Schwerin in die heutige Landeshauptstadt ist der weiteren Entwicklung der Stadt sicherlich kaum förderlich gewesen, dennoch danken wir es doch dieser Tatsache, daß Ludwigslust seinen ländlichen Charakter bewahren und die vielleicht einzige echte Residenzstadt Mecklenburgs bleiben konnte, als die sie ursprünglich geplant war.

Klassizismus und Historismus

Zwischen dem Siebenjährigen Krieg und dem ersten Weltkrieg blieb Mecklenburg, sieht man von der Napoleonischen Besetzung und den Befreiungskriegen einmal ab, von Katastrophen und Umwälzungen, die mit den vorausgegangenen zu vergleichen wären, weitgehend verschont. Andererseits ist gerade die Tatsache, daß ausgerechnet die 150 Jahre, in denen sich der Zusammenbruch des Heiligen Römischen Reiches, die Aufhebung der Leibeigenschaft, die 1848er Revolution, die industrielle Revolution und die Reichsgründung abspielten, von relativer Ruhe gekennzeichnet waren, an sich bemerkenswert. Die großen Umwälzungen der Zeit erreichten das Land stets nur stark verzögert und in abgeschwächter Form. Da es die seit 1806 unabhängig regierenden und durch den Wiener Kongreß 1815 zu Großherzögen ernannten mecklenburgischen Landesfürsten nicht vermochten, ein absolutistisches System nach preußischem Muster zu installieren, blieb die überkommene feudalistische Ständeordnung bis zum ersten Weltkrieg im Kern unangetastet. Die Städte und der aus der ehemaligen Ritterschaft hervorgegangene Landadel ließen sich als Gegenleistung für die Übernahme der herzoglichen Schulden ihre Rechte bestätigen, und die Landreform hatte für die Bauern nur die Folge, daß sie zwar formell nicht mehr leibeigen waren, nun jedoch als besitzlose Landarbeiter die Äcker ihrer ehemaligen Lehensherren zu bestellen hatten. Angesichts dieser Zustände verwundert es wenig, daß mecklenburgische Bauern im 19. Jahrhundert zu Tausenden ihre Heimat verließen, um nach Amerika auszuwandern, und in dieser Zeit die bekannten Klischees über die mecklenburgische Rückständigkeit entstanden. Gleichzeitig besserte sich jedoch die allgemeine wirtschaftliche Situation nach der Überwindung der Folgen der Napoleonischen Besatzungszeit zusehends, und die Landesfürsten begannen, ebenso wie der Landadel und in wachsendem Maße auch bürgerliche Bauherren, ihre nunmehr wieder verfügbaren Mittel in die Errichtung von Schlössern und Palais zu investieren. So erlebte Mecklenburg im 18. und 19. Jahrhundert einen nochmaligen kulturellen Aufschwung, der jedoch in weit stärkerem Maße als die früheren mit der Verelendung breiter Schichten der Bevölkerung erkauft wurde.

In auffälligem Kontrast zu der fortschrittsfeindlichen Haltung, die die mecklenburgische Aristokratie in gesellschaftlichen Fragen zeigte, steht ihre Aufgeschlossenheit gegenüber neuartigen Bauformen und Stilrichtungen. In der Ludwigsluster Residenz vollzog sich, im zeitlichen Gleichklang mit den wichtigen kulturellen Zentren in Deutschland, der Wandel vom Barockklassizismus des späten 18. zum »archäologischen« Klassizismus des frühen 19. Jahrhunderts, in Bad Doberan entstand bereits zu Beginn des 19.Jahrhunderts eine Residenz im Stil der Schinkelzeit, und das Schweriner Schloß hatte als eines der Hauptwerke der deutschen Neorenaissance maßgeblichen Einfluß auf die historistische Baukunst in Deutschland. Obgleich die mecklenburgische Architektur dieser Epoche einige Werke von zumindest nationalem Rang hervorgebracht hat, sind die Namen ihrer Schöpfer über die mecklenburgischen Grenzen hinaus jedoch kaum bekannt geworden. Persönlichkeiten wie Barca, Severin, Demmler, Buttel oder Willebrand, die z.T. von prominenten preußischen Lehrmeistern wie Langhans, Gilly (Severin) oder Schinkel (Demmler, Willebrand, Buttel) ausgebildet worden waren, blieben Lokalgrößen. Beschränkten sich die fürstlichen Bauaktivitäten während der Rokoko- und Zopfzeit aufgrund der günstigeren politischen Konstellation vornehmlich

Ghert Evert Piloot, Entwurf für einen Schloßneubau in Schwerin, 1617 (Staatliche Museen Schwerin)

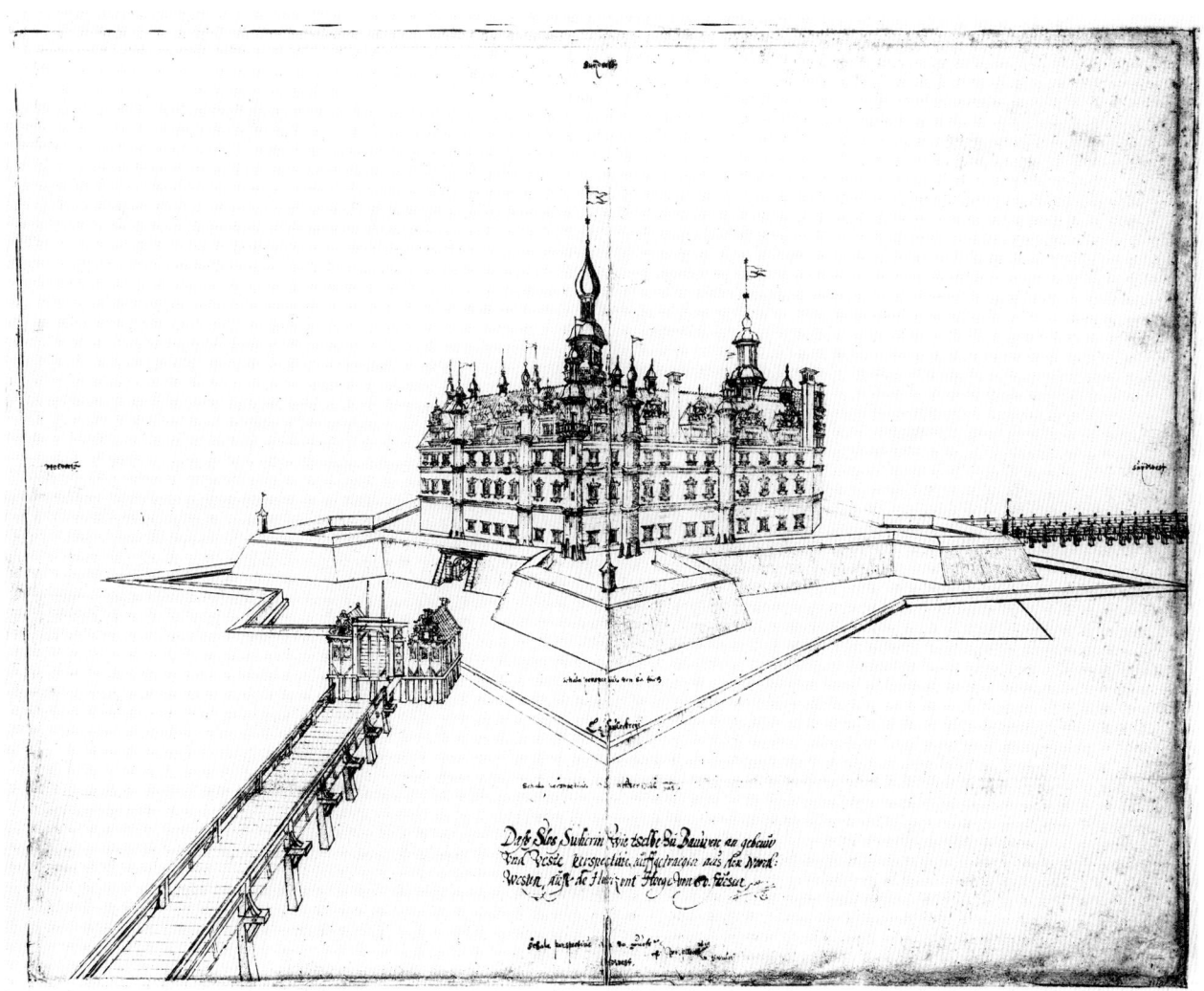

auf das Strelitzer Teilherzogtum, so befinden sich fast alle in diesem Kapitel beschriebenen Baulichkeiten im Schweriner Landesteil. Das Teilherzogtum Mecklenburg-Schwerin war, bedingt durch die Tatsache, daß Herzog Friedrich (der Fromme) 1757 der Reichsexekution gegen Friedrich den Großen beigetreten war, während des Siebenjährigen Krieges in besonderem Maße von preußischen Truppenaushebungen, Plünderungen marodierender Soldaten u.ä. betroffen. Mit der Schaffung der Ludwigsluster Residenz konnte daher erst 1772 begonnen werden. Dieser Verzögerung ist es zu verdanken, daß sich hier, da die ursprüngliche, noch ganz vom Geist des Barock durchdrungene Konzeption für Schloß, Stadt und Park nur in abgewandelter Form zur Ausführung gelangte, der Wandel vom antikisierenden Neopalladianismus zum Klassizismus wie kaum irgendwo sonst studieren läßt. War das Aufkommen des neuen Stils in den Fassadengestaltungen von Schloß und Schloßkirche zumindest bereits erkennbar, so entstand 1806 im Schloßpark mit dem Mausoleum von Johann Christian Lillie der erste rein klassizistische Bau in Mecklenburg. Die Bauten von Johann Georg Barca zeigen allesamt bereits die Formensprache des entwickelten Klassizismus.

In die gleiche Stilepoche fiel auch die ähnlich gut erhaltene Residenz in Bad Doberan und dem damit untrennbar verbundenen ersten deutschen Seebad in Heiligendamm. Fast alle wichtigen Gebäude entstanden nach den Plänen des in Berlin von Langhans und Gilly ausgebildeten Carl Theodor Severin um die Wende vom 18. auf das 19. Jahrhundert und damit mehr als 20 Jahre vor dem größten Teil der Berliner Schinkel-Bauten. Die Anlagen in Bad Doberan und Heiligendamm stellen auch insofern ein Novum dar, als sie erstmalig nicht nur im traditionellen Sinne als landesherrschaftliche Repräsentanz, sondern vor allem als Wirtschaftsunternehmen gedacht waren. Die im zeitlichen Gleichklang erfolgte Errichtung des Doberaner Palais, der Kureinrichtungen, der Spielbank sowie der Pferderennbahn (der ersten auf dem europäischen Festland) war eine Pionierleistung bei der Entwicklung des Tourismus und zeugt von einer Modernität des Denkens, die in merkwürdiger Weise mit den Zuständen in der ländlichen Umgebung kontrastiert. Weitere bemerkenswerte klassizistische Bauten entstanden in der Folge auch in Schwerin (Kollegiengebäude, Museum, Hoftheater u.a.) und in Neustrelitz (Pavillons, Orangerie).

Auch bei der Entwicklung der letzten Stilepoche vor dem Anbruch der »Moderne« leisteten die Bauten vor allem der Schweriner Herzöge einen bedeutenden Beitrag. Der hervorragende Bau des mecklenburgischen Historismus ist das Schweriner Schloß. Ab 1843 ließ Friedrich Franz II. das alte Renaissanceschloß im Stil der französischen Königsschlösser des frühen 16. Jahrhunderts umgestalten. In mehr als zwölfjähriger Bauzeit wurde unter der Leitung der Schinkel-Schüler Demmler, Willebrand und

Schloß in Neustrelitz mit Gartenanlagen unter Adolf Friedrich IV. (aus: Nugents, Reise durch Deutschland ...)

Stüler ein monumentales vieltürmiges Märchenschloß geschaffen. Indem man hier gezielt auch an die Traditionen der lokalen Baugeschichte anknüpfte, schuf man einen der wichtigsten Bauten der deutschen Neorenaissance. Wenngleich die Sorglosigkeit, mit der die bestehende historische Bausubstanz verändert und den neugeschaffenen Gebäudetrakten angeglichen wurde, von den puristischeren Denkmalpflegern späterer Tage vielfach kritisiert worden ist, war die künstlerische Qualität dieses Neubaus doch stets unbestritten, und Friedrich Schlie sprach seinerzeit schon von »einer wundervollen Schöpfung, die es werth ist, wie ein Kleinod gehütet und bewahrt zu werden«. Nachdem man sich auf diese Weise wieder die Formensprache der heimatlichen Renaissancearchitektur erschlossen hatte, trachtete man nun auch danach, die übrigen, häufig halb verfallenen oder nachträglich entstellten Bauten dieser Epoche erneut in einen repräsentablen Zustand zu versetzen. Die Ergebnisse dieser frühen denkmalpflegerischen Unternehmungen waren von unterschiedlicher Qualität. Während die Wiederherstellung der Fassaden des Gadebuscher Schlosses einhellig als vorbildlich anerkannt wurde, gab es gegen die Restaurierung des Wismarer Fürstenhofs durch Carl Luckow (1877/78) eine Reihe berechtigter Vorbehalte (siehe auch S. 20). Die neuerliche Wertschätzung der mecklenburgischen Renaissancearchitektur war in gewis-

Bad Doberan, Palais.
»Venus bringt Psyche
den Verjüngungstrank« aus
dem Tapetenzyklus »Amor und Psyche«
im Gartensaal, um 1820

sem Maße durch Karl Friedrich Schinkel, der an der Berliner Bauakademie
bereits 1832 ähnliche Terrakottaplatten anbringen ließ, vorbereitet worden. Blieb die Formensprache der »Johann-Albrecht-Bauten« im 16. Jahrhundert auf Mecklenburg beschränkt, so trat sie nun, befördert durch
Architekten wie Semper, Gropius u.a., ihren Siegeszug über ganz Deutschland an. In Berlin (Kunstgewerbemuseum), München (Maximilianeum)
und anderen Städten wurden Bauten mit halbplastischen Tonreliefs im Stil
der mecklenburgischen »Fürstenhöfe« ausgestattet. Auch in Mecklenburg
wurden im 19. Jahrhundert weitere Bauten errichtet, die diesem Formenkreis zuzurechnen sind. Neben dem Hauptgebäude der Rostocker Universität, dem Schweriner Standesamt und dem Erweiterungstrakt des Schlosses von Basedow entstand in Wiligrad am Schweriner See 1896–98
wiederum ein großherzogliches Residenzschloß, das außer den typischen

Stilelementen der Gründerzeitarchitektur auch die erwähnten Terrakotta-friese, Porträtmedaillons, Drillingsfenster etc. aufweist.

Waren die Schlösser der Landesfürsten von den Herrenhäusern der Landadligen während der Barockzeit hinsichtlich Größe und Ausstattung häufig kaum unterschieden, so wurde mit den Bauten der folgenden Epoche die gegebene Rangordnung wiederhergestellt. Dennoch war eine der Konsequenzen der Wiederaneignung historischer Stile in einer Zeit, da auch das Bürgertum zunehmend größer und repräsentativer baute, letztlich die Auflösung der traditionellen Architekturgenres. Bauelemente und -stile, die vormals auf Schlösser und Herrenhäuser beschränkt blieben, wurden nun auch für andere Gruppen und Zwecke verfügbar. Die Grenzen zwischen Adelsschlössern, privaten Wohnhäusern und kommunalen Zweckbauten begannen zunehmend unschärfer zu werden. In dem Maße, in dem die Schlösser, wie in Prillwitz und Gelbensande zu beobachten, allmählich immer mehr den privaten Charakter von überdimensionierten Villen annahmen, trumpften die bürgerlichen Villen immer häufiger mit dem Anspruch aristokratischer Paläste auf. War die Tatsache, daß Severin sich in Bad Doberan eine Villa errichtete, die auch räumlich in Konkurrenz zum benachbarten großherzoglichen Palais trat, zu Beginn des 19. Jahrhunderts immerhin noch bemerkenswert, so findet man zum Ausgang, dem »fin de siècle«, in allen größeren Städten Siedlungen, mit den häufig palastartigen Wohnhäusern wohlhabender Privatiers, die in bunter Mischung die Ingredienzen aller in diesem Buch behandelten Stilrichtungen aufweisen.

Bad Doberan/Heiligendamm. Die miteinander untrennbar verbundenen Bauten in Bad Doberan und Heiligendamm sind nicht nur künstlerisch, sondern vor allem funktionell von allen bisher vorgestellten Residenzen deutlich unterschieden. Handelte es sich bei allen vorausgegangenen Beispielen um Architekturensembles, die exklusiv auf die Wohn- und Repräsentationsbedürfnisse des Landesfürsten zugeschnitten waren, so wurde hier erstmals eine offenkundig kommerziell orientierte Öffnung zum wohlhabenden Bürgertum vollzogen. Die der Schaffung dieser Residenz zugrundeliegende Absicht zeigt sich schon in der Tatsache, daß die Bauarbeiten in Bad Doberan fast zeitgleich mit denen im sechs Kilometer entfernten (heute eingemeindeten) Heiligendamm, das 1793 von Großherzog Friedrich Franz I. auf Anraten des Rostocker Arztes Samuel Gottlieb Vogel gegründet worden war, in Angriff genommen wurden. Der zuvor nur durch sein ehemaliges Zisterzienserkloster bekannte Flecken Doberan trägt den Zusatz Bad lediglich dank der räumlichen und funktionellen Zuordnung zum ersten deutschen Seebad auf dem »heiligen Damme«. Den Kurgast und Reisenden erwartete hier kein Badebetrieb im

Bad Doberan, Salongebäude.
Großer Saal nach Osten

Bad Doberan, »Haus Gottesfrieden«.
Ansicht von Südosten

herkömmlichen Sinne, wohl aber mehrere Spielbanken und eine Pferderennbahn. Die ersten, noch im 18. Jahrhundert geschaffenen Neubauten
beider Orte wurden jeweils noch von Johann Heinrich von Seydewitz ent-
worfen. In Bad Doberan entstanden ab 1793 zunächst ein herzogliches
Wohnhaus (»Amtshaus«) in der Klosterstraße 1 sowie das Logierhaus
in der August-Bebel-Straße 2. In Heiligendamm errichtete Seydewitz
1795/96 das erste Badehaus, das den baulichen Kern des heutigen »Haus
Mecklenburg« bildet.

Seit 1802 arbeitete Seydewitz gemeinsam mit dem aus Hessen stammenden und in Berlin ausgebildeten Carl Theodor Severin, der ihn nun
allmählich abzulösen begann. Auch wenn es sich bei dem von 1801 bis
1802 am »Kamp« (einer zum Kurpark umgestalteten Viehweide) errichteten Salongebäude noch um ein Gemeinschaftswerk beider handelt, zeigt
der Bau doch schon unverkennbar die klassizistische Handschrift Severins,
der die neu entstehende Residenz nun in zunehmendem Maße ihr Gepräge verdanken sollte. In unmittelbarer Nachbarschaft entstand von
1806 bis 1810 das »Große Palais« bereits ausschließlich nach Severins Entwürfen. Infolge der Napoleonischen Besetzung kamen die Bauarbeiten
nur schleppend voran. In den Jahren 1808 und 1809 erbaute Severin den
Kleinen und 1810–13 den Großen Pavillon auf dem Kamp. Severins einzi-
ger Neubau in Heiligendamm war das von 1814 bis 1816 errichtete und
1856 auf der Südseite um einen Anbau ergänzte Kurhaus. Zu Beginn der
zwanziger Jahre des 19.Jahrhunderts baute Severin entlang des Alexan-

drinenplatzes in Bad Doberan einige »Wohnhäuser«. 1821/22 schuf er zunächst für sich selbst das Kleine oder Prinzenpalais (Alexandrinenplatz 8), das er jedoch bereits nach kurzer Zeit an die herzogliche Familie abtrat, um in das gleichfalls von ihm erbaute, 1824 fertiggestellte »Haus Gottesfrieden« (Alexandrinenplatz 5) umzuziehen. Auch die etwas schlichteren Häuser Alexandrinenstraße 6 und 7 wurden 1825 nach Entwürfen von Severin errichtet. Vermutlich im gleichen Jahr schuf er außerdem das Moorbad (»Stahlbad«) in der Bahnhofstraße sowie das »Haus Medini« in der Severinstraße 5.

Bad Doberan, Residenz.
Blick vom Kamp auf Palais
(Hintergrund) und Salongebäude

Der prominenteste Architekt, der sich nach dem 1836 verstorbenen Severin in Heiligendamm betätigte, war der Schweriner Schloßbaumeister Georg Adolph Demmler. Nach seinen Entwürfen wurden 1839/40 die sogenannten Cottages in der Professor-Vogel-Straße 1–4 (»Haus Weimar«, »Haus Dresden«, »Haus Magdeburg«, »Haus Glückauf«) für die großherzogliche Familie errichtet. Demmler war es auch, der 1843 den riesigen Findling zu seinem heutigen Standort gegenüber dem Kurhaus transportieren und die Gedenkinschrift einmeißeln ließ. Sowohl in Heiligendamm (Neue Logierhäuser, Kolonnaden u.a.) als auch in Bad Doberan (Wohnhäuser Severinstraße 7 und 8 u.a.) entstanden noch bis in die zweite Jahrhunderthälfte hinein eine Reihe von Neubauten, die sich stilistisch überwiegend eng an den Bauten von Severin orientierten. Die 1823 geschaffene erste deutsche Pferderennbahn hat sich bedauerlicherweise nur teilweise erhalten.

Obgleich sich in Bad Doberan/Heiligendamm vor allem die Entwicklung des Klassizismus beispielhaft studieren läßt, begannen die Arbeiten an dem neuentstehenden Doppelkurort mit zwei Bauten, die noch der vorausgegangenen Epoche zuzuordnen sind. Das Logierhaus und das Amtshaus sind typische Beispiele spätbarocker mecklenburgischer Fachwerkarchitektur, wie man sie beispielsweise noch in Friedrichsmoor oder Schwerin (Altes Palais) findet. Bei den heute als Hotel bzw. als Behördenbüro genutzten Gebäuden handelt es sich jeweils um langgestreckte Ein-

Bad Doberan, Großes Palais.
Gesamtansicht von Südosten

Heiligendamm, Kurhaus und
»Haus Mecklenburg«.
Ansicht von Nordosten

flügelbauten mit Krüppelwalm-Mansarddach und einem schmalen, in einem Dreiecksgiebel kulminierenden Mittelrisaliten. Vor allem das eingeschossige Amtshaus besitzt frappierende Ähnlichkeit mit dem Mittelbau des vermutlich gleichfalls von Seydewitz entworfenen Jagdschlosses in Friedrichsmoor (siehe S. 51). Die Wandlungsfähigkeit des Architekten, der 1803–09 in Ludwigslust das erste neogotische Bauwerk Mecklenburgs errichtete (siehe S. 60), zeigt sich in dem 1801/02, allerdings bereits weitgehend unter der Federführung Severins entstandenen Salongebäude, das heute dem Landratsamt als Unterkunft dient. Der siebzehnachsige T-förmige Putzbau besitzt mittlerweile, nachdem er vorübergehend als Rathaus genutzt und stark verändert wurde, wieder seine 1957 rekonstruierte frühklassizistische Fassadengestaltung. Im Inneren hat sich nur der von 1819 bis 1821 auf der Ostseite des Gebäudes angefügte Saalbau im ursprünglichen Zustand erhalten. Der prachtvolle langgestreckte Raum zeigt mit seiner farbigen Ausmalung, dem goldgefaßten Stuck, den zahlreichen Kristallüstern etc. die typischen Elemente klassizistischen Raumschmucks.

Das Aussehen des ersten von Seydewitz geschaffenen Badehauses in Heiligendamm läßt sich heute nur noch erahnen. Der ehemals eingeschossige Bau wurde 1839 um zwei Geschosse und ein Mezzanin aufgestockt und 1870 auf der Nordseite um einen viergeschossigen Anbau ergänzt. Am Nordende des Salongebäudes schließt sich der räumlich und künstlerisch bedeutendste Bau der Doberaner Residenz an. Auch das Große Palais ist bereits ein rein klassizistischer Bau, an dem nur der auf der Gartenseite oval geschwungene Mitteltrakt erkennen läßt, daß man sich noch am Anfang der Epoche befindet. Der Blickfang der dreizehnachsigen,

71

Bad Doberan, Kleines Palais
(Lessing-Oberschule).
Ansicht von Südwesten

weiß verputzten Hauptfassade ist der durch vier ionisch-toskanische Säulen gleichzeitig verdeckte und hervorgehobene Eingangsbereich, der unwillkürlich zum Vergleich mit den mehrere Jahrzehnte später entstandenen Bauten Schinkels und Klenzes herausfordert. Obgleich auch im Großen Palais fast alle Räume nachträglich verändert und selbst die im Kern erhaltene Eingangshalle durch Einbauten entstellt wurde, findet man zumindest im ovalen und Gartensaal noch die Gestaltung aus dem frühen 19. Jahrhundert. Der 1822 fertiggestellte, reich mit klassizistischem Dekor ausgestattete letztere ist von eindrucksvoller Wirkung. Neben den zahlreichen Spiegeln, den mit schwarzem Marmor gefaßten Kaminen, dem großen Kronleuchter und dem Intarsienparkett sind es vor allem die nach Vorlagen von Louis Lafitte und Joseph Blondel in Paris gedruckten Bildtapeten und das gemalte Zeltdach, die dem Betrachter ins Auge fallen.

Die beiden Pavillons im Kurpark auf dem Kamp sind insofern ein bemerkenswerter stilgeschichtlicher Anachronismus, als sie die ersten mecklenburgischen Vertreter der ursprünglich mit dem Rokoko aufgekommenen Chinamode sind. Die oktogonalen pagodenartigen Fachwerkbauten mit ihren von Holzsäulen getragenen Zeltdächern erscheinen dem heutigen Betrachter wie die weißgetünchte und zum klassizistischen gewendete Version des 50 Jahre älteren chinesischen Teehauses im Park von Sanssouci. Im Inneren des großen Pavillons findet man reizvolle exotisierende Wandmalereien, die in den siebziger Jahren restauriert wurden.

Das Heiligendammer Kurhaus bietet zur Seeseite hin den Anblick einer stilisierten antiken Tempelanlage. Wie beim Doberaner Palais befindet sich der Eingangsbereich zurückversetzt hinter einer von dorisch-toskanischen Säulen getragenen Vorhalle. Der über der Attika thronende, breit gelagerte Dreiecksgiebel verdeckt das massige Walmdach des Haupttraktes. Die Vorhalle ist oberhalb der Fenster mit Stuckreliefs ausgeschmückt. Die Lünettenfenster, die man an den Seitenflügeln, über dem Portal und unter dem Dreiecksgiebel findet, sind ein charakteristisches Element aus Severins Formenrepertoire und finden sich auch an den meisten seiner späteren Bauten. Der ursprünglich auf der Südseite des Gebäudes angrenzende, von Arkadengängen gesäumte Hof wurde 1856 abgerissen und durch den bestehenden Neubau ersetzt.

Mit dem Doberaner Prinzenpalais schuf Severin einen Prototyp, den er in der Folge noch mehrfach in abgewandelter Form wiederholte. Die heutige Doberaner Lessing-Oberschule ist ein neunachsiger zweigeschossiger Einflügelbau mit Krüppelwalmdach. Die Dominante der Fassade ist der von einem Dreiecksgiebel bekrönte Mittelrisalit. Dessen auffälligste Besonderheit ist die tief eingeschnittene Rundbogennische, in die ein von zwei Säulen getragener Altan eingepaßt ist. Das gleiche Motiv findet man in vereinfachter Form auch bei dem nahegelegenen »Haus Gottesfrieden«, das im wesentlichen eine verkleinerte Kopie des Prinzenpalais ist. Von dem letzteren ist es vor allem durch die siebenachsige Gliederung der Hauptfassade und die Rustifizierung des Erdgeschosses unterschieden.

Eine Reduktion dieses Gebäudetyps findet man bei dem Wohnhaus in der Alexandrinenstraße 7. Einen Mittelrisaliten sucht man bei dem neunachsigen, walmdachgedeckten Putzbau vergebens, das Zentrum der Fassade ist nur durch einen Dreiecksgiebel mit einem Lünettenfenster hervorgehoben. Die Besonderheit des etwas kleineren Hauses in der Alexandrinenstraße 6 ist das ebenfalls in einem Dreiecksgiebel kulminierende zweiachsige Zwerchhaus. Eine von diesem Schema abweichende, individuellere Fassadengestaltung findet man am »Haus Medini« und am »Stahlbad«. Während das »Haus Medini« vor allem durch seine zahlreichen Rundbögen und das eigenwillige vegetabile Stuckdekor auffällt, hebt sich das Stahlbad durch seine von vier dorisch-toskanischen Säulen getragene Vorhalle von den übrigen Severin-Bauten ab. Das langgestreckte fünfzehnachsige Stahlbad besaß ursprünglich nur ein Geschoß und wurde erst 1888 aufgestockt. Im oberen Stockwerk befindet sich ein Tanzsaal mit neoklassizistischer Pilastergliederung. Während die seit der Mitte des 19. Jahrhunderts neuentstandenen Bauten wie etwa die »Kaufhalle« oder das ehemalige Grand Hotel (»Haus Berlin«) in Heiligendamm oder die Häuser 7 und 8 in der Doberaner Severinstraße von den Severinschen Vorbildern z.T. stilistisch kaum zu unterscheiden sind, zeigen die von Demmler im frühhistorischen Landhausstil entworfenen Cottages ein von diesem Modell abweichendes, von Wintergärten, Veranden, Erkern und Türmchen etc. dominiertes Erscheinungsbild. Da auch sie ausnahmslos weiß gestrichen oder verputzt sind, fügen sie sich in das Gesamtbild der »weißen Stadt am Meer« jedoch harmonisch ein.

Auch die Doberan-Heiligendammer Doppelresidenz verdankt ihr einheitliches Aussehen nicht nur ihrer planmäßigen, in einem überschaubaren Zeitrahmen erfolgten Entstehung, sondern vielleicht im gleichen Maße ihrem unvermittelten Niedergang, der eine nachträgliche Verunklärung durch Neubauten weitgehend verhinderte. In dem Maße, in dem sich der großbürgerliche Kurbetrieb allmählich zum reinen Badebetrieb wandelte, begannen die Touristen die feinen Sandstrände des benachbarten Kühlungsborn dem steinigen Heiligendammer Küstenstreifen vorzuziehen. So entwickelte sich an der Endhaltestelle der in Bad Doberan beginnenden Eisenbahnlinie ein auch den weniger privilegierten Bevölkerungsschichten zugänglicher Badeort, der noch heute von Pensionen und Hotels im wilhelminischen Villenstil beherrscht wird, während sein Vorläufer – wenngleich auf Kosten seiner wirtschaftlichen und touristischen Stellung – sein aristokratisch-klassizistisches Ambiente bewahren konnte.

Neustrelitz. Das Gebäudeensemble der Neustrelitzer Residenz erscheint heute homogener, als es ursprünglich war. Mit Ausnahme des etwas abseits gelegenen »Weißen Herrenhauses« befinden sich auf dem malerisch zwischen der Stadt und dem Zierker See ausgebreiteten Areal heute nur noch Bauten aus dem 19. Jahrhundert. Der Eindruck einer klassizistisch-historistischen Anlage – vergleichbar denen von Ludwigslust oder Bad Doberan – offenbart sich jedoch schon insofern als Illusion, als man eine solche Architektur eher in einem englischen Landschaftspark denn in dem französischen Barockgarten, in dem sie sich größtenteils tatsächlich befindet, erwarten würde. Das symmetrisch angelegte Kernstück des Parks mit seiner zum Zierker See hin abfallenden und sich verjüngenden Hauptachse ist ein Überbleibsel aus der Entstehungszeit des Rokokoschlosses, das am 30. April 1945 ausbrannte und dessen Ruine in der Nachkriegszeit abgetragen wurde. Die in Neustrelitz noch bestehenden Baulichkeiten sind somit lediglich die dem eigentlichen Schloß nachträglich funktionell beigeordneten »Nebengebäude«.

Nachdem Herzog Gustav Adolf von Mecklenburg-Güstrow im Jahre 1695 kinderlos verstorben war, kam es zu Erbstreitigkeiten innerhalb des mecklenburgischen Fürstenhauses. Diese endeten 1701 mit dem »Hamburger Vergleich«, mit dem die letzte dynastische Teilung in der Geschichte des Landes vollzogen und die Primogenitur als verbindliches Erbschaftsreglement eingeführt wurde. Ein Teil des ehemaligen Teilherzogtums Mecklenburg-Güstrow wurde mit dem Territorium von Mecklenburg-Schwerin zusammengeführt, und die Gebiete Strelitz, Stargard und Ratzeburg gingen an den Schwiegersohn des letzten Güstrower Herzogs. Dieser herrschte nun als Herzog Adolf Friedrich II. über das neugebildete Land Mecklenburg-Strelitz. Als Residenz diente ihm zunächst die Burg in Altstrelitz, die 1712 ausbrannte. Sein Nachfolger Adolf Friedrich III. beauftragte 1726 seinen Hofgärtner und -architekten, den aus Braunschweig stammenden Christoph Julius Löwe (der für ihn auch die Schlösser in Mirow und Fürstenberg errichtete) mit dem Bau des neuen Residenzschlosses in Neustrelitz. Löwe errichtete innerhalb von fünf Jahren einen dreiflügeligen, zweigeschossigen Fachwerkbau. In dieser Zeit schuf er auch die 1828–34 von Buttel klassizistisch neugestalteten, östlich des Schlosses gelegenen Pavillons, von denen sich der westliche – heute als Krankenhaus genutzt – erhalten hat. Die im Jahr 1732 angelegte Parkanlage, die das Schloß mit dem Ufer des Zierker Sees verband, entstand gleichfalls nach Löwes Plänen.

1755 ließ Adolf Friedrich IV. das Schloß durch Christian Philipp Wolff im Rokokostil neugestalten. Obgleich es von Burmeister als »ärmlicher verputzter Fachwerkbau im schlichten von märkischer Baukunst abhängigen Zopfstil« kritisiert wurde, bildete es doch eine wirkungsvolle Do-

Neustrelitz, Pavillon.
Blick aus dem ehemaligen Schloßhof auf den westlichen Pavillon

Neustrelitz, Orangerie.
Blick von der Gartenseite auf den Mitteltrakt

minante auf dem höchsten Punkt des Residenzgeländes. Seine reich stuckierten Innenräume waren prachtvoll eingerichtet. Zeitgleich mit dem Umbau des Schlosses entstand im gleichen Stil auch die im Norden des Parks gelegene, ursprünglich eingeschossige Orangerie nach Plänen von A. Seydel.

Die umfassende Neugestaltung, der das Gelände im wesentlichen sein heutiges Erscheinungsbild verdankt, setzte in der ersten Hälfte des 19. Jahrhunderts ein. 1820 wurde der südliche Teil des Schloßparks zu einem englischen Landschaftspark umgestaltet. Die früher angenommene Beteiligung Peter Joseph Lennés an diesem Projekt beschränkte sich vermutlich auf eine Ratgeberposition. Am Westende der Sichtachse dieses Parks entstand 1891 der Luisentempel zum Gedenken an die 1810 in Hohenzieritz verstorbene preußische Königin, die eine Tochter Herzog Karls II. von Mecklenburg-Strelitz war. 1840 wurde der »Hebe-Tempel« im Schloßpark errichtet und der klassizistische Umbau der Orangerie begonnen. Letzterer wurde von Wilhelm Buttel unter reger Anteilnahme von Karl Friedrich Schinkel vorgenommen und war so durchgreifend, daß sich die Gestalt des Vorgängerbaus heute kaum mehr erahnen läßt. Buttel, der als einer der bedeutendsten Architekten des mecklenburgischen Historismus gilt, schuf 1855 auch die Schloßkirche sowie den südlich des Parks gelegenen, gleichfalls backsteingefertigten Marstall von 1871. Die letzte nennenswerte bauliche Aktivität in der Neustrelitzer Residenz war die vielfach

Neustrelitz, Orangerie. Roter Saal
nach Westen

kritisierte erneute Umgestaltung der Schloßfassaden im wilhelminischen Neobarock durch Otto Geyer (1905–09).

Das räumlich und künstlerisch bedeutendste unter den verbliebenen Bauwerken des Areals ist die Orangerie, die sich nach mehrfachen Restaurierungen (schon zu DDR-Zeiten) heute in vorzüglichem Zustand präsentiert. Der zweiflügelige, langgestreckte Bau ist allseits durch unterschiedlich große rundbogige Holzmaßwerkfenster gegliedert. Auf der Stadtseite befindet sich ein nachträglich angebauter, aus dem Gebäudecorpus herausfluchtender halbrunder Eingangsraum. Die eindrucksvollere, wesentlich reicher verzierte eigentliche Schauseite ist die Gartenfront. Sie ist durch den in den Garten hineinragenden Westflügel zu einem halboffenen Hof ausgebildet, in dessen Zentrum sich ein Brunnen befindet. Der Mittelrisalit ist mit eleganter klassizistischer Stuckornamentik in Schinkelscher Tradition geschmückt. In mindestens ebenso guter Verfassung wie der Außenbau befinden sich die prachtvollen, im »pompejanischen« Stil gehaltenen Innenräume. Die drei großen Säle sind nach den Farben der mecklenburgischen Landesfahne benannt, von denen sie jeweils dominiert werden. Während der Gelbe Saal heute als Konzertsaal fungiert, dienen der Blaue und der Rote bereits seit dem Ende des ersten Weltkrieges als Gaststätte. Nicht nur der Stuck und die kunstvolle Wand- und Deckenbemalung, sondern auch die zum Inventar gehörenden Statuen und Leuchter sind im Original erhalten.

Neustrelitz, Schloßpark.
Barockgarten mit Ildefonso-Gruppe
und Hebe-Tempel

Gleichfalls weitgehend im ursprünglichen Zustand erhalten ist die 1855–59 von Friedrich Wilhelm Buttel errichtete neogotische Schloßkirche. Sie ist (wie auch die gleichfalls von Buttel geschaffene Neustrelitzer Friedhofskapelle und die Fürstenberger Stadtkirche) ein Saalbau aus unverputztem gelblichem Backstein mit einer Vielzahl schlanker Türme und Fialen und feingliedrigem Maßwerkschmuck. Als Besonderheit des Außenbaus sind die von Albert Wolff geschaffenen Statuen der vier Evangelisten in der Westfassade hervorzuheben. Das weiträumige Kirchenschiff schließt mit einer flachen Holzdecke. Der in ähnlichem Stil errichtete Marstall, der nach Westen einen Ehrenhof bildet, dient heute als Schule. Vom ehemaligen Weißen Herrenhaus oder Prinzenpalais von 1740, in dem heute Behördenbüros untergebracht sind, hat sich nur ein Flügel in stark sanierungsbedürftigem Zustand erhalten.

In dem gepflegten Schloßpark sind neben dem Luisentempel, in dem sich eine Kopie des Sarkophags der Preußenkönigin aus dem von Schinkel geschaffenen Mausoleum im Charlottenburger Schloßpark befindet, vor allem der barocke Teil mit dem Tempel der Hebe und die zahlreichen Statuen von künstlerischer Bedeutung. In dem der Tochter des Zeus gewidmeten Hebe-Tempel ist eine Nachbildung der Hebe-Statue von Antonio Canova von 1796 aufgestellt, deren Original sich in der alten Berliner National-Galerie befindet. Der von acht Säulen mit ionischen Kapitellen getragene offene, von Buttel geschaffene Rundtempel, der dem etwas schlichteren Luisentempel im Schloßpark von Hohenzieritz ähnelt, bildet den Blickfang am Ende der Hauptachse. Entlang dieser Sichtachse befinden sich Marmorstatuen aus dem 19. Jahrhundert. Es handelt sich dabei um die Kopien einer hellenistischen Plastik (die Ildefonso-Gruppe aus dem 1. Jahrhundert vor Christus) und der Viktoria von Christian Daniel Rauch (1854). Westlich der Orangerie steht die sogenannte Göttergalerie mit neun Sandsteinfiguren aus der zweiten Hälfte des 18. Jahrhunderts.

Obgleich die Neustrelitzer Residenz die erste systematisch auf dem Reißbrett geplante Anlage in Mecklenburg war, bildet sie aus verschiedenen Gründen heute doch eine eher zusammenhanglose Ansammlung von Einzelbauten. Eine der Ursachen für diese Tatsache lag bereits in einer Schwäche der ursprünglichen Konzeption. Eine repräsentative Hauptachse oder ein zentraler Platz, der das Schloß mit der annähernd im Gleichklang entstandenen Residenzstadt verbindet, waren in der Planung nicht vorgesehen. Des weiteren zählt die Tatsache, daß Neustrelitz im Gegensatz etwa zu Ludwigslust bis 1918 Hauptresidenz blieb und die Strelitzer Herzöge demzufolge eineinhalb Jahrhunderte Zeit und Gelegenheit hatten, sich auf dem Gelände als Bauherren zu betätigen. Mit der 1945 erfolgten Zerstörung des architektonischen Herzstücks der Anlage war die Residenz schließlich ihres ohnehin schwach entwickelten inneren Zusam-

Schwerin, Schloß.
Thronsaal im Schloßgartenflügel

menhalts beraubt. Der heutige Besucher wird sich die Freude an der Schönheit der Parkanlage und der künstlerischen Qualität der verbliebenen Baulichkeiten von solchen puristischen Erwägungen sicherlich dennoch kaum verderben lassen.

Schwerin.   Im Südosten der heutigen Landeshauptstadt von Mecklenburg-Vorpommern befindet sich die umfangreichste Ansammlung ehemals großherzoglicher Zweck- und Repräsentationsbauten in der Region. Von der Spätgotik bis zum Historismus sind auf dem riesigen Areal am Ufer des Schweriner Sees sämtliche in diesem Buch behandelten Epochen und Stilrichtungen vertreten.

Obschon Schwerin bereits in slawischer Zeit eine bedeutende Rolle spielte, befand sich gleichwohl nicht hier, sondern im 995 erstmals erwähnten »Michelenburg« (Dorf Mecklenburg) an der Straße von Schwerin nach Wismar die Hauptfestung der Wenden, der das Land seinen Namen verdankt. Da die von einzelnen wilhelminischen Historikern geäußerten Vermutungen über die mögliche Existenz einer altgermanischen Festung in der Zeit vor der Völkerwanderung auf der Insel zwischen dem Schweriner See und dem Burgsee höchstwahrscheinlich einer Grundlage entbehren, ist die Erwähnung einer slawischen Burg in »Zuarin« aus dem Jahre 1018 als die älteste gesicherte Quelle anzusehen. Über das Aussehen dieser Burg ist allerdings ebenso wenig bekannt wie über das der nach ihrer Schleifung an selbiger Stelle von Heinrich dem Löwen 1160 erbauten Festung und deren 1358 von den Grafen von Schwerin errichteten gotischen Nachfolgebau.

Zwar entstammt der überwiegende Teil seiner heutigen Bausubstanz dem 19. Jahrhundert; dennoch verdankt das Schweriner Schloß sein Erscheinungsbild im wesentlichen der Architektur des 16. und 17. Jahrhunderts. Die ältesten noch erhaltenen Teile des Renaissanceschlosses sind das »Große Neue Haus«, die diesem angeschlossene »Obotritentreppe« sowie das Bischofshaus, die den Südost- bzw. den Südwesttrakt des fünfflügeligen Gebäudekomplexes bilden. Sie wurden während der Regentschaft Johann Albrechts I. als Ersatz für einen 30 Jahre älteren Bau geschaffen, der nicht mehr dem Geschmack des Auftraggebers entsprach. Das im Norden des Schlosses gelegene, noch um 1520 für Albrecht V. erbaute Zeughaus mußte erst im 19. Jahrhundert der historistischen Umgestaltung weichen. Es gibt jedoch Hinweise darauf, daß der Neubau auch deshalb notwendig wurde, weil Teile des bereits im frühen Renaissancestil gehaltenen Vorgängerbaus möglicherweise einem Brand zum Opfer gefallen waren. Als Erbauer sind in den Inventaren die »Maurermeister« Hans Voringk, Michel und Sohn sowie der später in Gadebusch tätige Christoph Haubitz genannt. Die Terrakottaplatten, aus denen sich der Bauschmuck

Schwerin, Schloß.
Seeseite
mit Küchenflügel,
Bischofshaus,
Hauptturm und
Großem Neuem Haus

Schwerin, Schloß.
Schloßkapelle
nach Nordwesten

in der Hauptsache zusammensetzt, stammen wie bei den meisten entsprechenden Bauten der Epoche aus der Lübecker Werkstatt des Statius von Düren. Das letzte große Bauvorhaben, das in Schwerin noch zu Lebzeiten Johann Albrechts I. (1525–1576) realisiert werden konnte, war die Errichtung der Schloßkirche. Sie erfolgte von 1560 bis 1563 nach den Plänen von Johann Baptista Parr, einem der Brüder des Franz Parr, des Baumeisters des Güstrower Schlosses.

Seine nächste große Umbauphase erlebte das Schloß in der ersten Hälfte des 17. Jahrhunderts. Der aus dem niederländisch beeinflußten Emden stammende Baumeister Ghert Evert Piloot stand seit 1612 in Diensten Herzog Adolf Friedrichs I., für den er auch das Neue Schloß in Neustadt-Glewe schuf. Im Jahre 1617 entwarf Piloot einen Plan, der eine vollständige Neugestaltung des Schweriner Residenzschlosses unter Abbruch fast aller bis dato vorhandenen Baulichkeiten zum Ziel hatte. Da der hereinbrechende Dreißigjährige Krieg die Vollendung dieses zweifellos großartigen Vorhabens verhinderte, kam es nur noch zur Errichtung des Küchengebäudes und der Umbauung der Schloßkirche. Piloot war es nicht vergönnt, die Fertigstellung selbst dieser Gebäudeteile, die erst nach 1635 erfolgte, noch zu erleben – er starb 1629.

Die letzten und zugleich umfassendsten Veränderungen erfuhr das Schweriner Schloß im mittleren 19. Jahrhundert. 1842 beauftragte der damalige Großherzog Friedrich Franz II. von Mecklenburg-Schwerin den von Karl Friedrich Schinkel ausgebildeten Architekten Georg Adolph Demmler mit der Anfertigung von Plänen für die Neugestaltung des Schlosses. Demmler stand, protegiert durch seinen Lehrmeister, seit 1825 in Diensten des Großherzogs von Mecklenburg-Schwerin. Neben den in diesem Buch behandelten Residenzbauten errichtete er noch eine Reihe weiterer repräsentativer Gebäude; so entstanden beispielsweise das neue Schweriner Rathaus, das Arsenal am Pfaffenteich oder Teile der Rostocker Universität im wesentlichen unter seiner Anleitung. Da dem Herzog, der sich in Geschmacksfragen gern vom Preußenkönig Friedrich Wilhelm IV. beraten ließ, die ersten gotisierenden Schloßentwürfe nicht zusagten, wandte er sich im gleichen Jahr an Gottfried Semper. Zwar gelang es selbst diesem nicht, den Auftraggeber zufriedenzustellen, doch bildeten seine Pläne eine entscheidende Grundlage für die folgenden Bauarbeiten. Friedrich Franz II. schwebte eine Gestaltung im Sinne der großen französischen Renaissanceschlösser vor. Er schickte daher Demmler und den gleichfalls an der Planung beteiligten Hermann Willebrand (den späteren Architekten des Rostocker Universitätshauptgebäudes, des Schweriner Gymnasiums, Ministerpräsidentenpalais u.a.) 1843 auf eine »Bildungsreise« an die Loire. Nicht zuletzt unter dem Eindruck dieser Reise entwarfen die beiden die Pläne zu dem bestehenden Monumentalbau, dem »norddeutschen

Neuschwanstein«, dessen Errichtung insgesamt zwölf Jahre in Anspruch nahm. Nachdem Demmler aufgrund politischer Differenzen (er war ein Anhänger der Achtundvierziger Revolution) 1851 vom Herzog entlassen worden war, trat August Stüler – der wie Demmler ein Schüler Schinkels war – an seine Stelle. Im Zuge der Bauarbeiten wurde ein großer Teil der auf der Schloßinsel bestehenden Baulichkeiten abgetragen und neu errichtet. Während die kunsthistorisch bedeutsamsten Partien wie das Große Neue Haus, das Bischofshaus, die Schloßkirche oder der Küchentrakt in teilweise stark veränderter Form erhalten blieben, ersetzte man die übrigen Gebäude durch Neuschöpfungen.

Die scheinbare stilistische Einheitlichkeit des heutigen, einen fünfeckigen Hof umschließenden, stark zergliederten Baus erweist sich bei nähe-

Schwerin, Schloß. Blick auf Schloßbrücke und historistische Schloßflügel

Schwerin, Schloßpark. Statue aus der Werkstatt Balthasar Permosers am Kreuzkanal

rem Hinsehen zumindest teilweise als Täuschung. Neben den unterschiedlichen und z.T. äußerst gegensätzlichen Renaissancestilen findet man auch spätgotische und neogotische Elemente. Da man jedoch die stilistischen Unterschiede zwischen den einzelnen Baugliedern im 19. Jahrhundert mit viel Geschick verschleierte, fällt dem heutigen Besucher des Schlosses eher das Verbindende als das Trennende ins Auge.

Auch die während der Regentschaft Johann Albrechts I. entstandenen Gebäudeflügel sind im 19. Jahrhundert stark verändert worden. Da dies jedoch zumindest teilweise im Sinne einer stilpurifizierenden Angleichung an die Formensprache des Wismarer Fürstenhofs geschah, ist die Unterscheidung von Alt und Neu für den Betrachter nicht leicht. Obgleich sich das Große Neue Haus und das Bischofshaus somit heute »stilreiner« darbieten, als sie es ursprünglich waren, wiesen sie bereits im 16. Jahrhundert die charakteristischen Merkmale des »Johann-Albrecht-Stils« auf. Dazu zählte vor allem der reiche Terrakottaschmuck (Porträtmedaillons in zeitgenössischer Tracht und antikisierende Motive), die Grundform der dreigeschossigen Gebäudetrakte sowie die das Dach gliedernden reich verzierten, höhengestaffelten Lünettengiebel. Die letzteren, die man ehedem vermutlich auch in Wismar fand, sind ein ursprünglich der venezianischen Renaissance (Scuola di San Marco, San Zaccaria) entlehntes Motiv, das im 16. Jahrhundert auch nördlich der Alpen gelegentlich verwendet wurde (Schloß Celle, Schloß Weilburg, Schloß Detmold, Schloß Wolgast, Teynschule in Prag sowie an etlichen böhmischen und sächsischen Wohnhäusern). Unter der Leitung von Christoph Haubitz entstanden ähnliche Giebel 1570 auch am Gadebuscher Schloß. Unter den Räumlichkeiten, die sich im Inneren des Großen Neuen Hauses erhalten haben, ist vor allem der »Hofdornitz« im Erdgeschoß hervorzuheben. Dieser monumentale Festsaal schließt in einem von terrakottageschmückten Rundpfeilern getragenen feinmaschigen Sterngewölbe.

Im 19. Jahrhundert wurde bei diesen beiden Gebäudetrakten, wie bei den meisten Bauten dieser Epoche, vor allem die Terrakottaornamentik vollständig erneuert und ergänzt. Dies geschah teils, weil der Zustand der alten Platten dies gebot, teils aber auch, weil man eine Vereinheitlichung des Baus anstrebte. So findet man heute beispielsweise auch auf den seeseitigen Giebeln des Bischofshauses, das ursprünglich keine derartige Gliederung besaß, eine reiche Terrakottagestaltung, die mit den auf der gegenüberliegenden Seite des Südturmes befindlichen Giebeln des Großen Neuen Hauses besser harmoniert als vorher. Der gewünschten Vereinheitlichung des Baus dienten auch die Terrakottaplatten, die stellenweise an den jungen Bauteilen angebracht wurden – wie etwa dem schlanken neugotischen Südturm. Die ehemals schlichteren rechteckigen Fensterformen wurden, wiederum dem Wismarer Vorbild folgend, durch terrakottagerahmte dreiteilige Rundfenster ersetzt. Im ersten Obergeschoß des Großen Neuen Hauses fügte man auf der Seeseite einen Erker im aufwendig ornamentierten Neorenaissancestil an.

Die sich östlich anschließende Schloßkirche zählt zu einer Gruppe eng miteinander verwandter Bauten wie den Schloßkapellen in Freiberg, Augustusburg, Dresden und Berlin, die im Kern allesamt auf die Kapelle in Schloß Hartenfels in Torgau zurückgehen, und nimmt unter diesen eine hervorragende Position ein. Wie die Letztgenannten ist der prachtvoll ausgestattete Raum ungeachtet seiner Entstehungszeit noch weitgehend von den Formen der ausklingenden Gotik durchdrungen. Bei allen Bauten dieser Gattung handelt es sich um gerade geschlossene Hallenkirchen mit umlaufenden Emporen unter einem raumübergreifenden Gewölbe in der Tradition der spätgotischen obersächsischen Stadtkirchen. Die baukünstlerisch prägenden Dominanten der Schweriner Kirche sind das feinmaschige Netz- und Sterngewölbe, die durchbrochene Maßwerkbrüstung der Empore und die historische Ausmalung. An dem Aufgang zu der von Simon Schröter geschaffenen Alabasterkanzel soll neben Philipp Brandin, einem der Baumeister des Güstrower Schlosses, möglicherweise auch Cornelis Floris mitgearbeitet haben. 1855 wurde anstelle der schrägen Wandfläche, die den Bau bis dato im Süden begrenzte, nach Plänen von Ernst Friedrich Zwirner, dem Leiter der Kölner Dombauhütte, ein neogotischer 5/8-Chor angefügt. Dieses von fialenbekrönten Strebepfeilern, feingliedrigen Maßwerkfenstern und krabbenbesetzten Wimpergen im Stil der rheinischen Hochgotik geprägte Polygon füllt nun die Lücke, die zwischen dem Großen Neuen Haus und dem Piloot-Trakt vormals bestand.

Stärker noch als die Bauten des 16. Jahrhunderts ist der von Piloot geschaffene Küchenflügel von den historistischen Umgestaltungen betroffen. Die westlichen Teile wurden durch einen Donjon im französischen Renaissancestil ersetzt und in die Räume zwischen den Giebeln schlanke Türmchen eingefügt, die in auffälligen Laternen kulminieren. Diese sind eine verkleinerte Nachformung der Laterne des noch von Piloot geschaffenen Turmes an der Schloßkirche, der in einer ähnlichen Zwiebelkuppel schließt.

Den neugeschaffenen Trakten, die räumlich ca. 60 % des Gebäudes ausmachen, ist ihre stilistische Herkunft deutlich anzumerken. Die starke Zergliederung der drei Hauptflügel (Schloßgartenflügel, Burgseeflügel, Burggartenflügel), die zahlreichen Türme und Türmchen, die schmalen profilierten Kreuzstockfenster und nicht zuletzt die von Kegelhelmen, Erkern, Kaminen, Laternen, Schmuckgiebeln u.ä. geprägte lebhafte Dachgestaltung zeigen, daß die vom Großherzog ausgesprochene Empfehlung, sich an den Schlössern im Tal der Loire – und speziell an Schloß Chambord – zu orientieren, von Demmler und Willebrand befolgt wurde. Der noch von Demmler errichtete, die Seeseite dominierende Südturm – der höchste des Schlosses –, der starke Ähnlichkeit mit anderen von Architekten der Schinkel-Schule geschaffenen Turmbauten (wie etwa dem Johann Heinrich Strack errichteten Flatowturm im Park von Babelsberg) besitzt, orientiert sich, ungeachtet seiner Renaissanceornamentik, eher am Erscheinungsbild steilaufragender spätgotischer Burg- und Stadttürme. Neogotische Gliederungselemente erkennt man auch an der Stülerkuppel mit ihrem kupferverkleideten oktogonalen Helm.

Der gleichfalls von August Stüler geschaffene, stadtzugewandten Portalflügel zeigt hingegen wieder die typischen Versatzstücke des »Johann-Albrecht-Stils«. In diesem Abschnitt sind die Fenster rundbogig, und über dem offenen dritten Geschoß mit dem von Christian Friedrich Genschow geschaffenen Reiterstandbild des letzten Wendenfürsten Niklot befindet sich ein Lünettengiebel. Auch die Orangerie, die Kolonnaden und die Terrassen im »Burggarten« auf der Schloßinsel gehen auf Entwürfe von Stüler zurück. Unter den zahlreichen neugestalteten historistischen Innenräumen sind vor allem der prachtvolle Thronsaal im Bischofshaus sowie die Ahnengalerie und die Schlössergalerie im Küchenbau hervorzuheben. Der als glanzvoller Rahmen für Veranstaltungen und Bankette geschaffene »Goldene Saal« wurde 1913 bei dem Schloßbrand, dem der gesamte Burgseeflügel sowie große Teile des Schloßgartenflügels zum Opfer fiel, eingeäschert.

Da die Schloßinsel nicht den Raum für eine aufwendige Parkgestaltung bot, begann sich die herzogliche Residenz schon im 16. Jahrhundert über deren begrenztes Areal hinaus auf das benachbarte Festland auszudehnen. Befand sich der erste, noch im 16. Jahrhundert geschaffene Schloßpark, der sogenannte Alte Garten (der heute den seit dem 19. Jahrhundert befestigten Platz zwischen Schloßbrücke, Theater und Museum bildet), noch auf der stadtzugewandten Nordseite, so orientierte man sich seit dem 18. Jahrhundert in die entgegengesetzte Richtung zum Südwestufer des Burgsees. Beide Areale wurden jeweils durch Brücken mit der Schloßinsel verbunden. Der bedeutendste Barockgarten Mecklenburgs, der noch heute den größten Teil des Schloßparks bildet, entstand von 1748 bis 1756 nach Plänen des Architekten und Kunstgärtners (Rostocker Palais) Jean Laurent Legeay. Kernstück des streng symmetrisch gestalteten Parks ist eine ca. 1,4 Kilometer lange Sichtachse, deren Dominante ein künstlich angelegter Wasserlauf, der sogenannte Kreuzkanal, bildet. Entlang dieses Wasserlaufs reihen sich 14 Sandsteinstatuen aus der Werkstatt Balthasar Permosers (des Schöpfers der Plastiken des Dresdener Zwingers). Eine geplante Kaskade, die das Gefälle der heutigen Rasenterrasse am Südwestende des Kanals ausnutzen sollte, kam nicht mehr zur Ausführung, da sie sich als zu aufwendig erwies und sich die herzoglichen Bauaktivitäten in der Folge nach Ludwigslust (das ab 1756 als Hauptresidenz fungierte) verlagerten. Die Wiederaufnahme der Arbeiten erfolgte wie beim Schloß erst nach der Rückkehr des Hofs (1837). Die Grundlage für den sich an den Barockgarten im Südosten anschließenden englischen Landschaftspark bildete ein Entwurf Peter Joseph Lennés aus dem Jahre 1840. Lenné zeichnete auch die Pläne für die Neugestaltung der im 19. Jahrhundert künstlich erweiterten Schloßinsel, den sogenannten Burggarten.

Auch der größte Teil der weiteren Baulichkeiten auf dem Gelände der Schweriner Residenz entstammt dem mittleren 19. Jahrhundert. Großherzog Paul Friedrich, der Vorgänger Friedrich Franz' II., zeigte anders als der letztere nach seiner Übersiedlung nach Schwerin wenig Interesse an dem alten Renaissanceschloß. Er favorisierte stattdessen die Errichtung eines Schloßneubaus am Alten Garten und beauftragte gleichfalls Georg Adolph Demmler mit der Durchführung dieses Projektes. Die 1842 begonnenen Bauarbeiten wurden jedoch nach dem frühen Tod des Herzogs noch im selben Jahr eingestellt. Vollendet wurde das Gebäude mit neuer Zweckbestimmung (als Museum) erst 1882 unter der Leitung von Hermann Willebrand, dem ehemaligen Baukonduktor Demmlers. Die Entstehungsgeschichte spiegelt sich in der Ambivalenz zwischen der nüchternen Formensprache der spätklassizistischen Seitentrakte und dem eher pompös zu nennenden Mittelbau. Dem letzteren, der die westwärts zum

Schwerin, Museum. Blick vom Alten Garten auf den Mittelrisaliten

Alten Garten gewandte Hauptfront entscheidend prägt, ist ein zwei-geschossiger Portikus vorgeblendet, dessen mit halbplastischer, antikisie-render Ornamentik geschmücktes Frontispiz von ionischen Säulen getra-gen wird. Da seit 1900 eine Freitreppe über den ursprünglich im Erdgeschoß befindlichen Eingang hinwegführt, dient er heute als Haupt-portal. Das großherzogliche Palais beherbergt heute eine der bedeutend-sten Gemälde- und Kunstgewerbesammlungen Norddeutschlands.

Westlich des Museums schließt sich das ehemalige »Hoftheater« (heute Mecklenburgisches Staatstheater) an. Es wurde 1883–86 von Georg Da-niel, dem Schöpfer des Schweriner Domturms, als Ersatz für den kurz zu-vor abgebrannten Vorgängerbau Demmlers errichtet. Der mit mehreren von Säulen getragenen Risaliten ausgestattete und mit einem von Eck-türmchen flankierten Bühnenhaus bekrönte zweigeschossige Außenbau

Schwerin. Blick von der Schloßinsel zum Alten Garten mit Kollegiengebäude, Altem Palais, Theater und Museum

Schwerin. Schloßstraße mit
Kollegiengebäude
und Regierungsgebäude II

steht stilistisch zwischen Spätbarock und Frühklassizismus. Die Oberfläche ist durch eine lebhafte Putzquaderung gegliedert. In den Innenräumen dominiert ein prunkvolles Neorokoko.

An der Einmündung der Schloßstraße in den Alten Garten befindet sich – direkt gegenüber der Schloßbrücke – das »Alte Palais«. Es ist ein schlichter, ursprünglich vermutlich der Barockzeit entstammender Fachwerkbau, dem sein Alter und seine Funktion schwerlich anzusehen sind. Im Jahre 1799 wurde er im Auftrag von Herzog Friedrich Franz I. ausgebaut. Die beiden Geschosse des zweiflügeligen Gebäudes schließen in einem Walmdach, das nur durch drei Fachwerkgiebel und einige Gauben gegliedert ist. Während der Bauarbeiten am Schloß wurde das Alte Palais vom Großherzog bewohnt, später diente es als Alterssitz der herzoglichen Witwen. Heute befinden sich hier Behördenbüros.

Den westlichen Abschluß des Alten Gartens bildet das dem Alten Palais benachbarte »Kollegiengebäude«, in dem heute die Staatskanzlei des Ministerpräsidenten untergebracht ist. Demmler errichtete den dreiflügeligen, dreigeschossigen Monumentalbau von 1825 bis 1834 im klassizistischen Stil seines Lehrers Schinkel. Die zur Schloßstraße hin gewandte Hoffront wird von den übergiebelten Fassaden der Seitenflügel und dem von ionischen Säulen getragenen Frontispiz des Mittelrisaliten beherrscht. Auch die nach Südwesten gerichtete siebzehnachsige Rückseite ist durch Risaliten gegliedert. Das Kollegiengebäude ist mit dem stilistisch eng verwandten »Regierungsgebäude II«, das 1890–92 von Georg Daniel errichtet wurde, durch einen Laufgang verbunden.

Etwa 300 Meter nordöstlich des Schlosses befindet sich auf einer in den Schweriner See hineinragenden Halbinsel das von 1838 bis 1843 entstandene mit Abstand größte Gebäude (167 Meter Länge) der Stadt. Wie die meisten Repräsentationsbauten dieser Epoche wurde auch der »Marstall« nach Plänen von Georg Adolph Demmler errichtet. Die fünf Flügel der ehemaligen herzoglichen Stallungen, die heute als Verwaltungsgebäude fungieren, umschließen einen weiten rechteckigen Hof. Der Marstall besteht aus einem dominierenden Mitteltrakt, in dem sich die große Reithalle befindet, vier zweigeschossigen Seitenpavillons und vier eingeschossigen Flügeln, die die Gebäudetrakte miteinander verbinden.

Durch die Bautätigkeit der mecklenburgischen Fürsten und Herzöge ist Schwerin im Laufe der Jahrhunderte ungeachtet seines kleinstädtischen Charakters zu einer Residenzstadt geworden. Vor allem im 19. Jahrhundert verschmolz der mittelalterliche Bereich um Dom und Pfaffenteich durch die Einfügung von Bauten wie dem neuen Rathaus oder dem Arsenal systematisch mit dem Umfeld des Schlosses zu einer städtebaulichen Einheit. Da sich die Bombardements des zweiten Weltkrieges auf Wismar konzentrierten und auch die Vernachlässigung und Kahlsanierung der

DDR-Zeit glücklicherweise nur Teile der Altstadt zerstören konnte, ist die gewachsene historische Struktur der Stadt auch für den heutigen Besucher nahezu unverfälscht erfahrbar.

Gelbensande. Das von 1886 bis 1887 errichtete ehemalige Jagdschloß in Gelbensande bei Rostock ist als Vertreter des Späthistorismus ein typisches Beispiel für die am Ende des 19. Jahrhunderts zu beobachtende allmähliche Auflösung der Grenzen zwischen den Baugattungen. Wenngleich sein Schöpfer, der in Zwickau geborene Gotthilf Ludwig Möckel, in Mecklenburg für eine Reihe weiterer bedeutender Bauprojekte wie das Rostocker Ständehaus, das Gymnasium von Bad Doberan und die Restaurierung des Doberaner Münsters verantwortlich zeichnete und Großherzog Friedrich Franz III. ihn 1897 zum Geheimen Baurat ernannte, wurde er doch nie das, was man in früheren Zeiten als Hofbaumeister bezeichnet hätte. Sein Aktionsradius reichte bis ins hohe Alter weit über die Grenzen seiner mecklenburgischen Wahlheimat hinaus, und unter seinen in Dresden, Leipzig, Zwickau, Berlin, Hannover und anderen Städten anzutreffenden Schöpfungen finden sich private Wohnhäuser ebenso wie Schlösser, Kirchen und öffentliche Zweckbauten.

Das kompliziert gegliederte Gebäude sollte entsprechend dem Wunsch der Großherzogin »der Erholung dienen und nicht den Charakter einer Re-

Gelbensande, Jagdschloß.
Gesamtansicht von Südwesten

sidenz annehmen« und erscheint deshalb eher als überdimensionierte Villa denn als Schloß. Über einem nur durch Außentreppen zugänglichen Hochparterre, welches ebenso wie das Souterrain aus gelblichem Backstein errichtet ist, befinden sich ein größtenteils fachwerkgefertigtes Obergeschoß und mehrere ausgebaute Dachstühle mit Anklängen an die Tudor-Gotik. Der Bau ist malerisch in die umgebende Waldlandschaft eingepaßt und entsprechend dem romantischen Zeitgeschmack reich mit Türmchen, Gauben, Erkern, Altanen u.ä. ausgestattet. Die mit Ausnahme des Inventars z.T. im Originalzustand erhaltenen Innenräume sind vor allem durch die reizvollen Kassetten- und Balkendecken geprägt.

Prillwitz.   In Prillwitz, nur drei Kilometer von Hohenzieritz entfernt, befindet sich am Ufer des dem Tollensesee südlich vorgelagerten Sees Lieps eine ehemalige herzogliche Sommerresidenz. Das Alte Herrenhaus von 1680 gelangte 1795 zusammen mit dem dazugehörenden Gut in den Besitz von Herzog Carl II. von Mecklenburg-Strelitz. Zwischen diesem und dem See wurde ein englischer Landschaftspark angelegt. Das eigentliche Schloß Prillwitz entstand jedoch erst im späten 19. Jahrhundert. Das historistische Schlößchen errichtete E. Müschen von 1887 bis 1889 im Auftrag von Großherzog Adolf Friedrich V. auf einer Terrasse oberhalb des Parks.

Wiligrad, Schloß. Ansicht von Westen

90

Prillwitz, Schloß. Gesamtansicht
von Südosten

Das alte Schloß zeigt als langgestreckter, zweigeschossiger, walmdach-
gedeckter Putzbau das typische Bild spätbarocker Herrenhäuser. Im Inneren des seit dem Kriege als Wohnhaus genutzten Gebäudes hat sich nichts
von der ursprünglichen Gestaltung erhalten. Im Gegensatz dazu befinden
sich noch einige Räume des neuen Schlosses, wie die Eingangshalle und
der Speiseraum, in gutem Zustand. Obgleich der Außenbau stellenweise
barocke Stilelemente aufweist, erscheint er dennoch eher als gründerzeit-
liche Privatvilla denn als aristokratisches Schloß. Reizvoll ist vor allem der
Kontrast zwischen dem roten Klinker und den hellen Rustikastreifen, den
man von vielen französischen Barockschlössern (Maintenon, Courances,
Chambray, Beaumesnil u.a.) kennt. Das Dach ist nach dem Kriege stark
vereinfacht worden. Der reizvoll in die umgebende Landschaft eingebettete Park befindet sich in gepflegtem Zustand.

Wiligrad. Es gehört zu den Zufällen der Kunstgeschichte, daß die Herzöge von Mecklenburg-Schwerin ausgerechnet bei ihrem letzten größeren
Bauprojekt erneut an die stilistischen Wurzeln ihrer ersten Fürstenhöfe an-
knüpften. Insofern als das etwa 20 Kilometer nördlich der Landeshauptstadt oberhalb des Schweriner Sees gelegene Schloß wiederum die
Formensprache der »Johann-Albrecht-Bauten« aufweist, kann man, eine
häufig strapazierte Metapher einmal zu Recht benutzend, feststellen, daß
sich der Kreis der mecklenburgischen Residenzschlösser mit diesem Bau
tatsächlich schließt. Der aus Hannover stammende Architekt Albrecht
Haupt erbaute das Schloß von 1896 bis 1898 für den jüngeren Bruder
Friedrich Franz' III., den von 1897 bis 1901 die Regierungsgeschäfte
führenden Johann Albrecht. Nachdem das Gebäude zu DDR-Zeiten als
Schulungsobjekt der Volkspolizei genutzt und das umgebende Areal daher für Besucher gesperrt war, ist es nun wieder zugänglich.
Schloß Wiligrad ist ein zweigeschossiger Zweiflügelbau mit ausgebau-
ten übergiebelten Dachstühlen. An der Schnittstelle der beiden Trakte befindet sich ein das Gebäude weit überragender runder Treppenturm mit
einem kupferverkleideten Kuppeldach. Während der Nordflügel die typischen Klinkerfassaden der Wilhelminischen Ära aufweist, zeigt der südliche Trakt die charakteristischen Attribute der mecklenburgischen Renaissancearchitektur. Die Schöpfer der Wiligrader Terrakottaplatten besaßen
jedoch offenbar ein tieferes Verständnis für die Formensprache der mecklenburgischen Renaissanceornamentik als die Restaurateure des Wismarer
Fürstenhofs. Neben den Porträtmedaillons findet man hier wieder das ma-
nieristische Formenspiel des Floris- oder Groteskenstils. Im Inneren haben
sich einige Räume im ursprünglichen Zustand erhalten. Von eindrucksvoller Wirkung ist vor allem die zweigeschossige Eingangshalle mit der hölzernen Treppe und den offenen Arkaden im oberen Geschoß.

91

OSTSEE

SCHLESWIG-
HOLSTEIN

Gelbensande

Stralsund

Heiligendamm

Bad Doberan

Rostock

Gre

Lübeck

Bützow

Vorp

Wismar

Güstrow

Gadebusch

Wiligrad

Schwerin

Friedrichsmoor

Prillwitz

Hohenzieritz

Ludwigslust

Neustadt-Glewe

Mirow

Neu

Niedersachsen

Brandenburg

Fürs

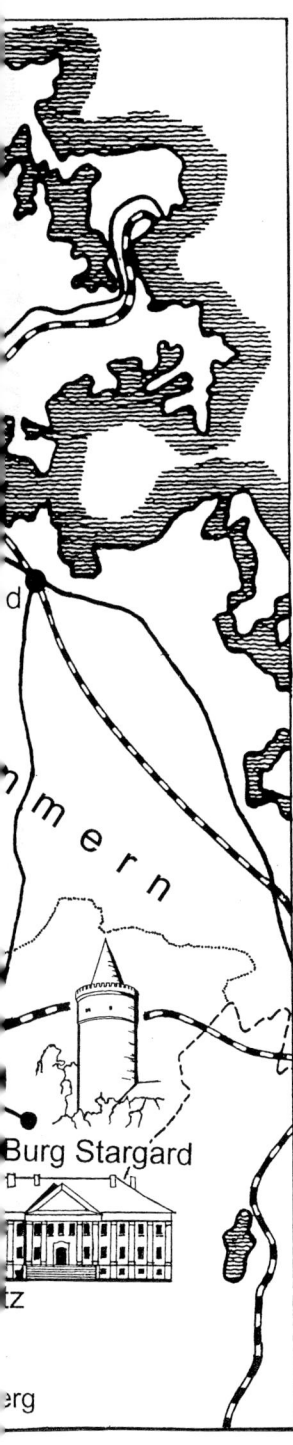

Burg Stargard

Übersichtskarte von
Mecklenburg-Vorpommern

Chronologische Objektliste

Stargard, Burg (Mitte 13. Jahrhundert, 15. Jahrhundert, 19. Jahrhundert)
Neustadt-Glewe, Altes Schloß (1. Hälfte 14. Jahrhundert)
Bützow, Burgkapelle, »Krummes Haus« (14. Jahrhundert)
Mirow, Johanniterkirche (14. Jahrhundert)
Wismar, Fürstenhof (1553–54)
Schwerin, Renaissancetrakt mit Schloßkirche (1553–63)
Bützow, Burg (14. Jahrhundert + 1555)
Güstrow, Schloß (1558–94)
Gadebusch, Schloß (1570–71)
Mirow, Torhaus des Schlosses (1588)
Dargun, Schloß (Ende 16. Jahrhundert) U
Neustadt-Glewe, Neues Schloß (1618 + 1711–17)
Rossewitz, Schloß (1657–80) U
Güstrow, Torhaus (1671)
Prillwitz, »Altes Herrenhaus« (1680–1705)
Rostock, Palais (1714)
Neustrelitz, Schloß (1726–31 bis A.20. Jahrhundert) UU
Neustrelitz, Pavillons (1731)
Mirow, Unteres Schloß (1735–1841)
Neustrelitz, Weißes Herrenhaus (1740)
Fürstenberg, Schloß (1741–52) *
Mirow, Schloß (1749–60)
Hohenzieritz, Schloß (1746–51 + 1790)
Rostock, Saalbau (um 1750)
Mirow, Kavaliershaus (1756–58)
Neubrandenburg, Palais (1775–89) UU
Hohenzieritz, Kavaliershäuser (1776)
Friedrichsmoor, Jagdschloß (um 1780)
Ludwigslust, Schloßkirche (1765–70)
Ludwigslust, Schloß (1772–76)
Ludwigslust, Schloßkaskade (1775)
Ludwigslust, »Steinerne Brücke« (1780)
Ludwigslust, Häuser an Bassinplatz und Schloßstraße (1784)
Ludwigslust, »Grotte« (1788)
Ludwigslust, »Schweizerhaus« (1789)
Bad Doberan, »Logierhaus« (1793)
Bad Doberan, »Amtshaus« (1793)
Heiligendamm, »Haus Mecklenburg« (1795/96)
Schwerin, Altes Palais (1799)
Bad Doberan, Salongebäude (1801–02)
Ludwigslust, Katholische Kirche (1803–09)
Ludwigslust, Mausoleum für Helena Paulowna (1804–06)
Bad Doberan, Palais (1806–10)
Hohenzieritz, Schloßkirche (1806)
Bad Doberan, Pavillons auf dem Kamp (1809–13)
Ludwigslust, Wohnhäuser in der Schweriner Straße (1809–26)
Ludwigslust, Mausoleum für Herzogin Luise (1814)
Ludwigslust, »Spritzenhaus« (1814)
Heiligendamm, Kurhaus (1814–16)
Hohenzieritz, Luisentempel (1815)
Ludwigslust, Glockenturm von St. Helena (1818)
Ludwigslust, Marstall (1821)
Bad Doberan, Kleines Palais (1821–22)
Bad Doberan, »Haus Gottesfrieden« (1822)
Bad Doberan, »Stahlbad« (1825)
Bad Doberan, «Haus Medini« (1825)
Bad Doberan, Häuser Alexandrinenstr. 6 und 7 (1825)
Schwerin, Kollegiengebäude (1825–34)
Neustrelitz, Pavillon (1828–34)
Schwerin, Museum (1877–82)
Schwerin, Marstall (1838–43)
Neustrelitz, Orangerie (1840)
Neustrelitz, Hebe-Tempel (1840)
Heiligendamm, Villen (1840)
Schwerin, Schloß (1843–57)
Ludwigslust, Lenné-Park (1852–60)
Neustrelitz, Schloßkirche (1855–59)
Neustrelitz, Marstall (1871)
Schwerin, Hoftheater (1883–86)
Gelbensande, Jagdschloß (1886–87)
Prillwitz, Schloß (1887–89)
Neustrelitz, Luisentempel (1891)
Wiligrad, Schloß (1896–98)

Zeichenerklärung:
*   = heute Land Brandenburg
U   = Ruine
UU = vernichtet

Literatur

Adamiak, Josef: Schlösser und Gärten in Mecklenburg, Leipzig 1975

Architekturführer DDR: Bezirk Rostock. Bezirk Schwerin. Bezirk Neubrandenburg. Berlin 1978/84/91

Baier, Gerd: Deutsche Kunstdenkmäler, Mecklenburg. Leipzig 1970

Die Bau- und Kunstdenkmäler in der DDR: Bezirk Neubrandenburg. Hrsg. vom Institut für Denkmalpflege. Berlin 1990

Die Bau- und Kunstdenkmäler in der DDR: Mecklenburgische Küstenregion. Hrsg. vom Institut für Denkmalpflege. Berlin 1990

Brandt, Jürgen: Altmecklenburgische Schlösser und Herrensitze, Berlin 1925

Burmeister, Werner: Mecklenburg. Berlin 1926

Dehio, Georg: Handbuch der deutschen Kunstdenkmäler. Die Bezirke Neubrandenburg, Rostock, Schwerin. München/Berlin 1980

Heckmann, Herrmann: Historische Landeskunde Mitteldeutschlands – Mecklenburg-Vorpommern. Würzburg 1989

Kraus, Neidhardt: Unterwegs zu Burgen, Schlössern und Parkanlagen in Mecklenburg. Rostock 1991

Krüger, Georg: Kunst- und Geschichtsdenkmäler des Freistaats Mecklenburg-Strelitz, Band I und II. Neubrandenburg 1921–34.

Krumbholz, Hans: Burgen, Schlösser, Parks und Gärten. Berlin/Leipzig 1984

Nugents, Thomas: Reise durch Deutschland und vorzüglich durch Mecklenburg. Aus dem Englischen übersetzt und mit einigen Anmerkungen und Kupfern versehen. Berlin/Stettin 1781

Piltz, Georg: Burgen und Schlösser in der DDR. Leipzig 1984

Sarre, Fritz: Der Fürstenhof zu Wismar. Berlin 1890

Schlie, Friedrich: Die Kunst- und Geschichts-Denkmäler des Großherzogtums Mecklenburg-Schwerin, Band I–V. Schwerin 1896–1902.

Wurlitzer, Bernd: Mecklenburg-Vorpommern. Köln 1992

Objektregister

1. Auflage
Gesamtgestaltung: Bernhard Dietze, Leipzig
Satz: Offizin Andersen Nexö Leipzig GmbH
Reproduktionen: Hans Herr, Urspringen,
Reprocolor GmbH Leipzig
Printed in Slowenija